TRAVELLING FATAL

Éditions Favre SA
29, rue de Bourg – CH-1003 Lausanne
Tél. : (+41) 021 312 17 17
lausanne@editionsfavre.com
www.editionsfavre.com

Groupe Libella, Paris

Distribution France, Belgique, Canada :
Interforum, 92 avenue de France, F-75013 Paris
Contact.clientele@interforum.fr

Distribution Suisse :
Office du livre de Fribourg, 39 route André-Piller,
CH-1720 Corminbœuf

Dépôt légal en mars 2025.

Couverture : Anthony Kinné
Mise en pages : SIR
Impression: Pulsio, lot 1

ISBN : 978-2-8289-2245-0

Les Éditions Favre bénéficient d'un soutien structurel
de l'Office fédéral de la culture pour les années 2021-2025.

PIERRE SAFAR

TRAVELLING FATAL

FAVRE

Partie I

1

LE PROMÉTHÉE était une des plus anciennes salles de cinéma de la capitale. Située rue de Belleville, elle avait commencé son activité le 18 février 1933. L'ouverture de l'endroit avait coïncidé avec la sortie du film *La Tête d'un Homme* de Julien Duvivier. On pouvait avancer de manière raisonnable, aujourd'hui encore, qu'il s'agissait de ce que le cinéma français avait produit de meilleur : un film d'une beauté lugubre, dont l'interprétation et la mise en scène étaient de haute volée. Il fallait imaginer l'éblouissement qu'avait dû provoquer sur les spectateurs la projection de ce diamant noir. Ce choix avisé a permis au *Prométhée*, dès sa création, d'obtenir un beau succès.

Pendant les décennies qui suivirent, la salle ne désemplissait pas. Ainsi, durant l'Occupation, le *Prométhée* diffusa tous les classiques de l'époque. *L'assassin habite au 21* resta à l'affiche plus d'un mois à lui seul. Dans les années 50, le cinéma continua sur la même lancée, celle d'une programmation à la fois populaire et exigeante. Ce succès était dû pour une large part à la passion de Jean-Jacques Fournier, fondateur, propriétaire, gérant et projectionniste du *Prométhée.*

Il faut se rappeler qu'à l'époque, la sélection des films, leur promotion, leur diffusion étaient une affaire sérieuse. Les exploitants de salle exprimaient leurs goûts, leur philosophie, voire pour certains des choix politiques. Ainsi, à la fin des années 40, Fournier avait été fier de proposer *Le Mur invisible*, film célèbre d'Elia Kazan sur l'antisémitisme qui gangrenait la bonne société américaine. En 1952, il se préparait à diffuser un nouveau chef-d'œuvre du même auteur, *Un Tramway nommé Désir*, déjà auréolé de critiques dithyrambiques venant d'outre-Manche.

Mais lorsqu'il apprit, en lisant le journal, que Kazan avait donné les noms d'anciens amis communistes à la commission des activités antiaméricaines, Fournier déprogramma à la dernière minute l'adaptation de Tennessee Williams. Le propriétaire et projectionniste n'avait aucune sympathie communiste. C'était le mouchardage qu'il avait en horreur, cela, quel que soit le milieu au sein duquel il s'exerçait. Il en avait tiré les conséquences immédiatement, sans aucune clémence pour le réalisateur. En appliquant ses principes de manière rigoureuse, Fournier avait privé ses spectateurs d'un film important.

Se sentant coupable à l'égard de ses habitués, Fournier avait tout de même vérifié que le film de Kazan serait diffusé dans suffisamment d'autres cinémas. Une fois rassuré, il avait rediffusé *Boulevard du Crépuscule*, dont il lui restait une copie. Le public avait à nouveau suivi, confirmant à Fournier que son choix avait été le bon.

Après presque trente ans d'une existence mouvementée mais pérenne, le *Prométhée* connut un premier accident en 1960. Fournier se rendit à une projection de presse de *À Bout de Souffle*, de Jean-Luc Godard. Son avis, livré le soir même à son épouse Jeannette, fut définitif : « C'était vraiment de la merde, j'ai failli mourir en le regardant. Personne ne pourra aimer une connerie pareille. Jamais je ne le passerai, sauf si on veut faire faillite en quelques jours. » Sûr de son instinct, Fournier diffusa fièrement cette semaine-là *Le Trou* de Jacques Becker, en attendant que les spectateurs se ruent dans la salle.

Hélas, c'est le contraire qui se produisit. Sur les Champs-Élysées, les files d'attente, remplies de curieux voulant découvrir le film de Godard, s'allongeaient. Au *Prométhée*, en revanche, on enchaînait les séquences sans spectateurs. « *Le Trou* s'est projeté dans le vide », aimait à dire Fournier, ce qui donnait certes à la situation une réelle portée métaphysique, mais absolument aucun gain financier. Fournier en conçut une haine totale et définitive pour tout le cinéma estampillé, de près ou de loin, « Nouvelle Vague ». Il décréta que tout film de Godard, Truffaut, Rohmer, Rivette et consorts serait désormais interdit au *Prométhée*. Or, si plus personne n'aurait aujourd'hui l'idée d'obtenir un succès public en présentant un film sous l'étiquette « Nouvelle Vague », il s'agissait à l'époque d'un label de prestige. Le public des années 60 se déplaçait pour voir *Le Mépris*, *Jules et Jim* et autres *Landru*. Même soixante ans plus tard, beaucoup de critiques de cinéma demeuraient enivrés de « Nouvelle Vague », qui constituait pour eux l'alpha et l'oméga de la création audiovisuelle. C'est dire à quel point la décision de Fournier était à rebours des canons de son époque.

D'un point de vue commercial, il en paya le prix. À la fin de la décennie, il avait du mal à joindre les deux bouts. Ses meilleures séances des années 60 avaient été rendues possibles grâce au western italien, qui avait remplacé le policier français auprès du public dit populaire. Ainsi, *Le Grand Silence* et *Bonnes Funérailles Ami, Sartana Paiera* avaient sauvé les meubles.

Le début des années 70 était une période d'incertitude. Le cinéma changeait, aux États-Unis et en Europe. Les héros n'étaient plus les mêmes, le public non plus. Sans trop comprendre, Fournier tentait de suivre, cela jusqu'en 1972, lorsqu'il projeta le *Dernier Tango à Paris* de Bertolucci. Demeuré quatre mois à l'affiche, ce fut le plus grand succès de l'histoire du *Prométhée*. Si bien qu'un soir à table avec Jeannette, Fournier en arriva à cette conclusion frappée du coin du bon sens : « Ce que les gens veulent voir, c'est du cul. » Il décida donc de leur en donner. À partir de 1973, la salle instaura le principe du double programme, avec un premier film consacré à l'action, le second à l'érotisme. Ainsi mourut Fournier en 1976 d'une crise cardiaque, la semaine où le *Prométhée* diffusait en alternance *Shaolin et les 18 Hommes de Bronze* et *Caresses interdites*.

Toutes les fonctions de Fournier furent reprises du jour au lendemain par le très jeune Marcel, son fils, qui continua l'œuvre paternelle. Mais en 1981, la formule était à bout de souffle. L'arrivée des vidéoclubs frappait le *Prométhée* de plein fouet. Les films de bagarre italiens perdaient en qualité – et l'érotisme n'excitait plus personne. Fournier fils décida donc, en conscience, que la salle diffuserait désormais exclusivement des films pornographiques. *Anastasia ou la Dépravation d'une Écolière*, *Les Campeuses vont piquer et niquer* ou *Éducation sévère pour Bourgeoises frustrées* furent parmi les grands succès de cette décennie. Mais le destin n'en avait pas terminé avec le *Prométhée*, car l'arrivée d'Internet, au fur et à mesure des années 90, lui fut quasiment fatale. À cette époque, le cinéma ne diffusait plus qu'une vingtaine de films dont il avait réussi à conserver des copies. L'incendie de 2003 en ravagea l'immense majorité. Depuis cette date, le *Prométhée* n'en diffusait plus que deux, seuls rescapés des flammes : *Cuisses et Cuistots* et

Les Soubresauts de la Soubrette, dont la vérité commandait de dire qu'ils ne figuraient pas parmi les *highlights* d'une collection dont la qualité laissait déjà à désirer. À près de 70 ans, par habitude et par affection, Marcel continuait l'exploitation du *Prométhée* pour les habitués et quelques passants curieux. Les photos d'époque étaient toujours sur la devanture du cinéma, jaunies mais encore là, mettant en valeur les formes de Rosie Lamarque, jeune starlette des années 80 interprétant « la soubrette » dans l'œuvre précitée.

Le 3 janvier 2022, il y avait un spectateur dans la salle du *Prométhée*, fêtant seul son anniversaire en cherchant à comprendre les obscurs méandres du scénario de *Cuisses et Cuistots*. Assez logiquement, c'était moi.

Comme le titre pouvait le laisser présager, l'histoire du film se situait dans les cuisines d'un grand restaurant étoilé. Cela commençait par l'arrivée d'une stagiaire, Elisabeth, qui était présentée à un grand chef, appelé « Monsieur Roberto ». Je laisse chacun imaginer la suite. La question de la réussite des plats ou de la carrière professionnelle d'Elisabeth n'était pas évoquée bien longtemps par le réalisateur, Johnny de Angelis (manifestement un pseudo), qui semblait avoir d'autres préoccupations. Les dialogues étaient joyeusement idiots. « Monsieur Roberto, laissez-moi finir de préparer ces lasagnes ! » J'aimais assez l'actrice qui interprétait Elisabeth, car quelque chose dans son visage me rappelait Diane. Par ailleurs, on sentait bien qu'elle se moquait éperdument de jouer la comédie ou même de faire semblant. Le fait de tourner des scènes pornographiques ne lui posait apparemment aucun problème ; cela avait l'air d'être pour elle comme une manière d'occuper ses vacances. Il était clair qu'à aucun moment, elle n'imaginait que quelqu'un aurait pu la regarder quarante ans après le tournage. Il y avait dans tout cela une forme d'insouciance très plaisante. Je me disais que les films actuels étaient désormais incapables de diffuser un tel sentiment.

Alors que j'en étais à cette pensée précise, une forte anxiété m'étreignit. Comment appeler un quinquagénaire assis seul dans une vieille salle porno, regardant une bêtise d'un autre âge et se lamentant sur le cinéma actuel ? Un vieux con, dégueulasse par-dessus le marché : voilà l'expression la plus simple pour dénommer un énergumène pareil ! Mais comment cela m'était-il arrivé ? À quel moment avais-je vrillé ? Je ne pensais pas que cela pourrait survenir, en tout cas pas aussi vite. Je rejoignais malgré moi la catégorie des réactionnaires se lamentant sur le monde contemporain. N'étant d'aucun clan, d'aucune obédience, ni politique, ni sociale, et sans aucune croyance ni pratique religieuse, j'avais pensé que ma singularité m'immuniserait contre ce type de déchéance. Mais dépourvu de progéniture, je n'avais plus de contact avec la jeunesse : c'était donc comme cela qu'on perdait pied, de manière insidieuse et lente.

J'en étais là lorsque mon portable retentit. Une urgence m'appelait à mon cabinet. Je passai dans la salle de projection, pour saluer Marcel et lui demander pardon de ne pas pouvoir rester jusqu'au bout du film :

– Ne t'en fais pas, Dany. Je vais te révéler un secret : ça finit bien.

– Ils se marient et vivent heureux jusqu'à la retraite ?

– Ça, je ne sais pas, j'ai perdu la dernière bobine.

– Parfois, c'est mieux de ne pas connaître la fin.

2

« ON M'A PROPOSÉ une somme folle pour que je me taise ! Plusieurs millions d'euros, je ne sais même plus combien. Mais j'ai refusé. Mon éthique de journaliste est ainsi faite. Quand on commence : on va jusqu'au bout. Mais chez Metallotech, ils ont un autre état d'esprit : quand la vérité pointe le bout de son nez, on achète les gens avant qu'ils ne parlent. Ma chance, c'est que l'argent n'a sur moi aucune prise. Ma drogue à moi, c'est d'enquêter jusqu'à ce que tout soit exact et authentique. »

Patrick Quintana s'emportait avec toute la fougue de sa jeunesse. Il fallait le comprendre : il s'exprimait pour la première fois à 20 heures sur une chaîne d'information continue – ce qui lui procurait une audience inédite pour un journaliste d'investigation de 29 ans. Même Dumas, présentateur pourtant chevronné, était impressionné par le charisme de son invité. Il le relançait avec curiosité : « Pourriez-vous expliquer à nos téléspectateurs ce que vous avez découvert chez Metallotech ? »

« Je n'ai aucun mérite : cette enquête, on me l'a offerte. J'ai été alerté par un collègue sur des possibles dysfonctionnements au sein de l'entreprise. À l'époque, je ne connaissais pas du tout Metallotech, mais j'ai vite compris qu'il s'agissait d'une des plus grandes entreprises de sidérurgie en France. Je m'y suis fait embaucher comme ouvrier pour six mois, pour bien comprendre le fonctionnement de l'intérieur. Et ce que j'ai découvert m'a effaré. Effaré ! Les pièces étaient assemblées entre elles sans aucun respect des procédures prévues dans les manuels. On nous disait : "Ne regardez pas le livre de procédure, c'est pour les minables." Le service qualité imposait que chaque assemblage soit vérifié deux fois. En réalité, on était déjà content si cela avait lieu à une reprise – et encore, la plupart du temps, tout cela était très superficiel. Il n'y a qu'un mot d'ordre et un seul dans l'entreprise : faire des économies. Économies de personnel, économies de matériel, économies dans les process de vérification, économies dans tout. Les accidents du travail sont quotidiens. Les doigts arrachés, les membres brûlés ou cassés par un appareil qui chute : tout cela arrive tous les jours. Les ouvriers risquent leur vie à chaque seconde. Pire encore : les clients aussi. Le public a le droit de savoir que les produits qu'il achète ne sont pas solides. Cela ne me fait pas plaisir de le dire, mais c'est mon devoir. »

Dumas était médusé, les yeux écarquillés. Il cherchait un moyen de faire rebondir le journaliste :

– Vous avez écrit le détail de votre enquête dans votre livre intitulé : *Une matière molle : les conditions de travail dans la sidérurgie*, qui est aujourd'hui un best-seller. Diriez-vous qu'il y a une démarche militante dans votre travail ? Êtes-vous engagé dans un parti politique ?

– En aucun cas. Et j'ajouterais : surtout pas. Pour moi, le journalisme ne devrait pas être partisan. Et je le répète, je ne suis pas à l'initiative de cette enquête, qui s'est présentée à moi par hasard. Je n'ai qu'une religion, qu'une obédience, qu'un parti : celui de la vérité. À l'heure des *fake news*, au moment où chacun préfère suivre sa subjectivité plutôt que les faits, nous avons un terrible besoin de revenir à la réalité. Qu'elle plaise ou qu'elle ne plaise pas, c'est une chose, mais nous nous devons de la regarder en face. Moi, je n'agis pas pour un parti ou pour un autre, je ne suis d'aucun camp.

– Quelle formation avez-vous suivie ?

– J'ai commencé des études littéraires, avant de m'inscrire à l'école de journalisme de Clermont-Ferrand. J'étais passionné par les grandes références du journalisme d'investigation américain. Il y a dix ans, mon rêve était d'être à la fois Woodward et Bernstein, réunis en une seule personne.

– C'est sans doute d'eux que vous tenez cette rigueur factuelle et cette éthique. Au cinéma, ils étaient joués par Dustin Hoffmann et Robert Redford. Lequel des deux choisiriez-vous pour vous interpréter ?

– Quintana ça n'est pas très américain, mais va pour Redford !

– En tout cas, nos téléspectateurs auront vu ce soir la naissance d'un nouveau personnage dans le débat public, avec lequel il va falloir compter !

Les lumières s'éteignirent sur le plateau. Quintana restait assis. Dumas rangeait ses affaires et lui proposa de se rendre à un cocktail à l'étage inférieur, organisé régulièrement après l'émission. Le journaliste le suivit sans se faire prier.

Au cocktail, une petite foule se pressait pour bénéficier d'une coupe de champagne et d'un canapé au saumon. En arrivant, Dumas s'exprima devant la trentaine de personnes présentes : « Je crois que je ne suis pas seul à avoir été impressionné par le tempérament de notre invité de ce soir, Patrick Quintana. Comment dit-on déjà à Hollywood ? *A star is born!* Pour un journaliste à cheveux blancs comme moi, c'était un superbe moment à vivre. La relève est assurée ! Bravo ! » Dumas applaudit et toute la salle avec lui. Quintana demeura statique, l'air grave.

Puis Dumas donna une tape amicale dans le dos de son invité et lui présenta les convives. Le directeur des programmes était là – un personnage important dans ce secteur. Il se murmurait même que – honneur suprême ! – le président de la chaîne avait apprécié l'interview et pourrait faire le déplacement d'ici quelques minutes. Tout le monde se pressait autour de Quintana.

Claire Dumont, jeune journaliste montante au sein de la chaîne, avait sans doute flairé une proie facile. Âgée de 26 ans, grande, mince et élégante, son ascension avait la même fulgurance que celle de Quintana, dans un style plus appliqué mais non moins visible. Depuis son embauche, elle s'était donné pour mission, disait-elle, de « parler cash », « bousculer les codes » et « faire entendre une autre voix ». En réalité, son parcours avait jusque-là suivi le chemin très codifié des arrivistes talentueux, consistant à parler plus fort que les autres et à éteindre toute contestation par un toupet hors du commun.

Elle s'était approchée stratégiquement de Quintana, jusqu'à ce que ce soit lui qui l'aborde :

– Travailler ici, c'est aussi sinistre que ça en a l'air ? lança-t-il d'un air blasé.

– Tout à l'heure, quand vous parliez, cela n'avait pas l'air de tant vous déplaire.

– Mais moi je serai parti dans quelques minutes, alors que vous serez encore là, et tous les jours qui suivent, dans cette atmosphère de vieux débris.

– À propos de vieux débris, je vois le président de la chaîne qui vous cherche. Dépêchez-vous, vous allez le manquer.

– J'ai trouvé mieux.

– C'est le moment où je dois me sentir flattée ?

– Si c'est le mot qui vous vient.

Elle haussa les sourcils en levant les yeux au ciel, adoptant l'air de celle qui était habituée à être accostée. Au moment où elle allait reprendre la parole, Quintana la laissa seule pour aller parler à Gaubry, le fameux président. Ils s'échangeaient quelques banalités, que Claire tentait d'entendre au loin.

Une fois tout le monde sous le charme, Quintana décida de quitter les lieux. Juste avant de partir, il tendit une carte à Claire, sur laquelle figurait son numéro. « On se retrouve vendredi en huit, au Paris Chic Rooftop à 21h30 ? » Elle fit mine de réfléchir, puis répondit : « Je vous adresserai un message un de ces jours ». Il s'en alla en lui disant au revoir d'un sourire, certain qu'elle accepterait.

Juste avant de prendre l'ascenseur, il laissa tomber sa sacoche. Mal refermée, plusieurs papiers s'en échappèrent. Il s'empressa de tout ramasser. Heureusement, personne n'avait remarqué le flacon de chloroforme.

3

« MAIS enfin vous ne comprenez pas ? La police TUE ! »

Le cri venait de l'un des manifestants qui avait quitté le cortège. D'une soixantaine d'années, affublé d'un bonnet et d'un survêtement vert, il agitait dans tous les sens une pancarte où était inscrite « la police tue », phrase qu'il hurlait en même temps, pour le cas où l'entourage n'aurait pas bien compris. Son visage était rouge et ses yeux exorbités, ses gestes désordonnés. Il passa près de Zebrowski, attablé à la terrasse d'un café de la place de la République, et manqua de le frapper involontairement avec sa pancarte.

Zebrowski était « en civil », mais il avait bien été affecté en renfort, afin d'assurer la sécurité de la manifestation. Le geste du manifestant avait presque réussi à lui faire lâcher sa bière, ce qu'il n'appréciait pas, mais alors pas du tout. Il montra son badge et se leva : « Hey, papy, tu te calmes, on est d'accord ? » L'autre s'emporta et s'avança encore plus vers Zebrowski, risquant cette fois de faire tomber la table : « salaud de flic ! ». Le policier l'attrapa fermement par le col, jusqu'à ce que son visage soit devant le sien : « Je ne sais pas si la police a tué jusqu'ici, mais elle va le faire maintenant si ça continue. Alors tu vas gueuler tes salades ailleurs. »

Puis Zebrowski le rejeta avec force vers le sol. Il eut juste le temps de voir un photographe capter son geste avant de partir en courant. Tout cela n'était pas bon signe. Mais il avait l'habitude. Il n'y avait rien ici qui l'empêcherait de terminer sa bière – c'était là le principal.

Il s'appelait Henri Zebrowski, mais tout le monde dans la maison l'appelait « Zeb ». Brigadier à la préfecture de Paris, il était détenteur d'un record parmi ses pairs : depuis vingt ans de service, il n'avait jamais obtenu le moindre avancement. En revanche, il empilait depuis des années les plaintes de l'IGS[1]. Ses fautes étaient trop faibles pour entraîner des sanctions majeures, mais leur récurrence forçait le respect : nombreux retards, multiples présences à son poste en état d'ébriété (ceci expliquant cela), insultes à l'égard de son supérieur hiérarchique, propos déplacés à l'égard de ses collègues de sexe féminin. Voilà bien longtemps que Zeb ne se préoccupait plus de la qualité de son *curriculum vitae*.

Pour la majorité de ses collègues, Zeb était un problème à gérer. Il montrait son visage au sein de son équipe de temps en temps, juste assez pour ne pas être radié de la fonction publique. Sa présence n'en était pas moins très aléatoire. Lorsqu'il était là, il trouvait toujours quelques partenaires pour s'adonner à des parties de *Cluedo*, son jeu favori. Le reste du temps, les autres ne savaient pas ce qu'il faisait – et avaient cessé de s'en préoccuper. Il était de toute façon muté au sein d'une nouvelle équipe tous les trois ou quatre ans, chacune se le passant comme une patate chaude. Il représentait donc le « bouche-trou » idéal à chaque fois que des effectifs manquaient, comme ce jour-là place de la République.

1. Inspection générale des services, nom donné à la « police des polices ».

Zeb repéra son contact dans la foule et se rua à sa rencontre, cette fois en laissant sa bière dernière lui. De toute façon, il ne l'avait pas payée. Il retrouva Didi – c'était comme cela qu'on l'appelait : « Tu as ce que tu me dois ? » Didi lui donna discrètement un sachet de pilules bleues. Zeb en plaça une dizaine dans sa poche et cacha le reste du sachet dans sa veste, pour le revendre plus tard.

La foule commençait à se disperser, mais l'on apercevait des individus cagoulés rejoindre le cortège et se montrer plus agressifs que les autres. Zeb estimait à ce moment précis qu'il serait préférable de rentrer chez lui – ou disons plutôt dans « l'endroit où il dormait ». Il s'agissait d'une chambre de quelques mètres carrés louée au bien nommé Hôtel Prestige du vingtième arrondissement. On notera que le nom de l'endroit était quelque peu surévalué au regard de la qualité de l'établissement, qui avait péniblement obtenu une étoile. Depuis deux ans, Zeb préférait loger dans des hôtels, car il n'arrivait pas à économiser le prix d'un loyer sur un mois entier ; il lui était plus facile de dénicher dix euros par jour, en les demandant à une connaissance ou en se les procurant par des moyens divers. Dans ses meilleurs moments, il arrivait même à payer une semaine d'avance. Disons qu'il s'agissait de la modalité financière qui convenait le mieux à ce que l'on pouvait appeler son mode de vie.

Une fois dans sa chambre, Zeb s'appliquait à couper en deux chacune des pilules restant dans le sachet que lui avait remis Didi – ce qui pourrait constituer une habile façon d'en retirer un meilleur prix. Un couteau de table faisait parfaitement l'affaire ; il y en aurait pour une heure. Malheureusement, il commença à trembler au bout de vingt minutes. Zeb se décida à résoudre le problème en avalant l'une des pilules, aidé par un verre de whisky chaud. Le tremblement disparut, mais il devint plus étourdi et eut du mal à calibrer son geste, diverses pilules étant coupées en quart et trois quarts plutôt qu'en belles moitiés. Il se dit que cela fonctionnerait tout de même.

Après avoir terminé sa découpe, Zeb se rendit dans le quinzième arrondissement, à l'annexe de la police judiciaire dans laquelle avaient été affectés les locaux de son équipe. Lorsqu'il pénétra dans la salle, ses cinq collègues applaudirent à l'unisson : « Mais regardez qui est là ! Bravo Zeb ! » Il s'assit sans rien dire, avec un demi-sourire. En écoutant ses collègues *débriefer*, il comprit que la manifestation avait dégénéré, de nombreuses violences ayant émaillé la fin de journée. « On était en confiance, avec Zeb qui surveillait », glissa Gilles, le chef de l'équipe.

Puis, les collègues échangèrent sur la perception que le public avait de leur métier. Gilles se voulait positif :

– En début de journée, un habitant du quartier est venu nous voir et m'a dit : «On est rassurés que vous soyez là, on a besoin de vous. Moi, j'aime la police, parce que vous aussi êtes la cible des terroristes, donc je sais que vous nous protégerez. » Tout de même, quand on entend ça, on a chaud au cœur. On se dit qu'on sert à quelque chose, raconta Gilles à la petite assemblée pour les galvaniser.

– Ha bon ? lâcha Zeb sans relever la tête ni regarder ses collègues.

– Mais oui, Henri, mais tu peux pas comprendre. Là, je parle à des flics. T'es pas vraiment concerné.

– Si ça te fait plaisir qu'on t'aime, je suis content pour toi.

– Ooh mais le voilà qui a envie de parler aujourd'hui. Qu'est-ce qui t'arrive, ducon ? T'as résolu une affaire ? Une vieille a retrouvé son sac, alors il faut qu'on t'écoute maintenant, c'est ça ?

– Garde ton calme, va. Ce que je veux te dire, c'est qu'on n'a pas besoin de leur amour, surtout pas pour ces raisons-là.

– Vous entendez, les gars ? Zeb, lui, il sait ce qu'il nous faut, c'est la meilleure. Mais toi, ta philosophie, ça a toujours été pieds-sur-le-bureau, bouche-sur-la-bouteille et mains-sur-les-culs, donc ton avis, tu peux te le carrer. Et si un pauvre type vient nous dire qu'il nous aime, eh bien moi, je prends, que ça te plaise ou pas.

– Être aimé pour de mauvaises raisons, c'est le début de la haine. Tu devrais te méfier, mon Gillou.

– Partez, les gars. Allez faire une partie de *Risk* et laissez-moi seul avec cet enfoiré pendant quelques minutes.

Les autres membres de l'équipe quittèrent rapidement la salle. Gilles essayait de garder son calme.

– Henri, on n'a pas grand-chose en commun, c'est pas grave. Tu ne veux rien foutre, c'est ton problème. Tu peux passer tes journées à dealer avec tes revendeurs minables, si ça te chante. Tu peux faire semblant d'être flic et faire le caïd avec les cousins[2], si ça te fait bander ; je m'en branle. Mais bordel, quand j'essaie de rassurer les collègues, tu me laisses faire mon travail et tu fermes ta gueule. T'es con, Zeb, mais t'es con ! Tu peux au moins nous laisser tranquilles, oui ? C'est trop te demander ?

– Mais oui, t'en fais pas, je te laisse tranquille. Je vais être *corporate*, tu ne vas pas me reconnaître. Tu pourras

2. Indicateurs.

m'enfiler quand tu veux, et en public, comme ça tu seras bien content. Dis-moi, tu sais si Dédé est de sortie ce soir ?

– Qu'est-ce que ça peut te foutre ?

– J'ai un tuyau à lui demander.

– Normalement, il deale ce soir près des Buttes-Chaumont, à l'endroit habituel.

– Merci Gillou, conclut Zeb en embrassant son patron sur la joue.

– Allez, casse-toi.

Zeb avait quelques heures à patienter avant de retrouver Dédé, pour lui revendre les pilules prises à Didi. Il se disait qu'on avait vite fait de les confondre les uns et les autres dans ce milieu, car tous les noms se ressemblaient. Ils étaient à chaque fois composés de deux syllabes identiques, un peu comme les neveux de Donald : Momo, Gégé, Nanar, Dédé, Didi, Tata, Béber, c'est ainsi que se dénommaient les contacts de Zeb dans le milieu parisien de la drogue *low cost*. Dédé était probablement ce que cet écosystème pouvait produire de mieux : minable, mais un peu plus poli que les autres et un peu moins nerveux. Ses qualités lui avaient permis de travailler pour un individu dénommé « le Financier », une des figures de l'*underworld* de la capitale. Cela lui donnait un peu de prestige.

Après avoir sifflé quelques mousses dans un bar-tabac, Henri chercha Dédé près des Buttes-Chaumont. Il n'avait pas eu à s'affairer bien longtemps, le retrouvant fidèle à son coin de pavé habituel. Zeb présenta le sachet et en demanda 1000 euros, ce qui lui permettrait de payer l'hôtel pour un bon moment. Mais Dédé répondit aussitôt :

– Mais tu rêves ? Donne-moi le paquet. Ça vaut 200 balles, pas plus. On aurait pu dire 300 si les pilules avaient été coupées correctement, mais ça c'est un travail de bâtard. De toute façon, je ne te donne rien. Ça vient en déduction des 50 000 que tu dois au Financier. Tu fais comment pour les 49 800 qui restent ?

4

– ÇA FAIT très mal !

– Monsieur Schwartz, il faut bien vérifier que votre prostate est à sa place.

– Si j'avais l'esprit mal intentionné, je dirais qu'au-delà du strict geste professionnel, vous éprouvez une forme de satisfaction perverse.

– Allons, allons. On est un grand garçon.

– Justement, j'ai dépassé les stades classiques de l'évolution enfantine depuis un certain temps, ce qui me rend assez imperméable à la joie que pourrait procurer ce type d'interaction. Attention, je continuerai de parler pendant tout le temps où cela durera, parce qu'il est hors de question que je subisse en plus l'embarras du silence.

– Dans ce cas, c'est terminé.

La conversation finie, nous étions désormais face à face, ce qui était tout même plus facile pour l'ego – et pour écouter dans la dignité le verdict du professionnel. J'étais parfaitement serein avec l'idée de la mort, puisque de toute façon, j'en réchapperais nécessairement d'une manière ou d'une autre. En revanche, la perspective d'une maladie handicapante présentait des inconvénients que j'aurais préféré éviter. Le médecin s'exprimait sur un ton définitif.

– Monsieur Schwartz, votre prostate est à peu près la seule chose qui fonctionne chez vous.

– C'était bien la peine.

– Écoutez-moi au lieu de faire le mariole : vous avez 53 ans, vous fumez deux paquets de cigarettes par jour, vous faites vingt kilos de trop. Votre rythme cardiaque ressemble à l'humeur d'un bipolaire. Vos dents sont dans un tel état qu'un cadavre n'en voudrait pas. Je m'engage à ce que, si ça continue comme ça, votre infarctus arrive d'ici dix-huit mois tout au plus. C'est écrit. Je suis prêt à signer un papier vous certifiant la date.

– Attendez, je n'ai pas entendu le mot « cancer » ! C'est vrai ou c'est pas vrai ? Alors ne me faites pas la leçon : ce que je retiens, c'est qu'il n'y a pas de cancer. Tout va bien, quoi !

– Bravo, Monsieur Schwartz, vous n'avez pas de cancer. Pas pour le moment.

– Et je sais que vous jubilerez quand ce sera le cas. Rassurez-vous, quand ça arrivera, c'est vous qui me l'annoncerez. Un peu de patience, tout de même !

– D'ici là, surtout ne changez rien ! Demeurez aussi mature que vous l'êtes.

– J'insiste : je n'ai pas entendu le mot « cancer » !

Je quittai son cabinet pour retrouver un peu l'air frais de la place de Clichy. Avant de retourner à mon bureau, je me décidai à manger un superbe kebab dégoulinant de frites afin de fêter mon absence provisoire de tumeur. Je passai devant un panneau publicitaire, montrant une petite fille devant un œuf à la coque et indiquant en majuscules : « Les choses les plus importantes sont toujours les plus simples. » J'étais interloqué et stupéfait que l'on puisse encore proférer des âneries pareilles – car en ce qui me concernait, certaines choses avaient peut-être été importantes, mais en tout cas rien n'avait été simple.

Je m'appelle Daniel Schwartz, mais la plupart de mes proches m'ont toujours dénommé Dany. Au début de cette histoire, j'étais encore avocat, même si j'ai arrêté maintenant. J'étais déjà divorcé aussi, mais cela, en revanche, je le suis resté. En parlant des « choses les plus simples », je pouvais attester que le divorce, pour cela, a un effet radical. Depuis que Diane était partie, tout avait été, de fait, beaucoup plus simple.

Nos discussions à n'en plus finir sur le programme télévisé du soir ? Désormais, je pouvais revoir un *James Bond* tous les jours sans avoir à me justifier – jusqu'à me repasser le même dix fois de suite si cela m'amusait. Les controverses régulières sur la distance de plus en plus importante qui avait séparé nos rapports charnels ? Plus la peine de raisonner par décennies : l'abstinence contrainte avait cédé la place à une activité masturbatoire multi-hebdomadaire, saine et assumée, pour la pleine satisfaction de son récipiendaire. Des cris le matin pour une chemise mal repassée pendant que la radio hurle ? Maintenant, l'éveil avait lieu dans une atmosphère calme et sereine, en écoutant Dave Brubeck ou Oscar Peterson. Toutes les contrariétés liées à la conjugalité avaient disparu : l'embarras de mon ancienne épouse à assumer notre mariage devant ses amis, les dîners à deux au restaurant où le temps entre chaque plat devenait affreusement long, les débats sur notre éventuelle contribution à la reproduction de l'espèce humaine (j'étais pour, pas elle), les vacances marocaines où l'on étouffe à peine descendus de l'avion et où on est déjà en psychose à peine arrivés à l'hôtel – si on y arrive, etc. Tout ça, c'était fini – et depuis longtemps : neuf ans et dix mois, pour être précis. Après notre rupture, les occasions de revoir Diane avaient été rares. Elle m'avait appelé de temps en temps, les premières années, pour maintenir ce qu'elle dénommait

« un contact civil » – expression qui m'avait paru sympathique à l'époque mais dont j'aurais dû me méfier. J'ai en effet découvert à mes dépens que la civilité n'avait pas la permanence que l'on aurait pu lui espérer : les « contacts » se sont espacés de plus en plus, pour se réduire à un niveau proche du néant. J'ai su un an plus tôt, par des amis communs, qu'elle avait désormais un nouveau compagnon – dans ma compréhension : un homme d'affaires à succès.

J'aimerais pouvoir dire que j'ai « refait ma vie », selon l'expression consacrée – dont il faut au passage relever l'extrême bêtise. Mais les rencontres furent rares depuis ma séparation d'avec Diane. Et j'emploie ici le terme « rencontre » au sens littéral, c'est-à-dire en désignant la circonstance qui m'aurait permis de me trouver en situation d'échanger des paroles avec une autre personne. Le lecteur avisé pourra en déduire que si les rencontres, entendues dans ce sens bien précis, furent rares, les éventualités de nouer une relation sentimentale – ou même strictement sexuelle – le furent encore plus. Pour le dire autrement : les concrétisations furent nulles.

Cela avait eu pour conséquence de me laisser dans un état de rumination lancinant sur l'échec de mon mariage. L'absence d'intérêt du présent a ceci de particulier qu'elle vous conduit à ressasser le passé, en ayant la conviction que la résolution de vos problèmes actuels s'y trouve cachée quelque part. J'étais ainsi persuadé qu'entre Diane et moi, un dernier acte allait – devait – se jouer. S'il n'arrivait pas de lui-même, il me faudrait le provoquer.

Mais pendant les dix années qui me séparaient de ma séparation, ma vie sentimentale n'avait pas été seule à péricliter : ma vie professionnelle, aussi. Après avoir passé de nombreuses années à être l'avocat d'une grande compagnie immobilière, je me suis retrouvé sans revenu lorsque celle-ci a fait faillite. Le divorce n'avait déjà pas été facteur d'une grande facilité d'un point de vue financier, la banqueroute de mon principal client a fait le reste.

Appartenant initialement à la case des « gens aisés », j'étais sur le point de rejoindre celle de « la classe moyenne inférieure », idée qui me plongeait dans un état de terreur paralysante. Il m'a donc fallu « me réinventer », comme on dit à notre époque. Une hypothèse classique, à l'âge que j'avais, aurait été que je me consacre à un bilan de compétences et que « j'active mon réseau » pour trouver de nouveaux clients.

J'avais survécu d'une manière plus originale. La plupart des personnes s'en sortaient grâce à des consultants spécialisés ? J'ai trouvé un moyen plus étonnant de me remettre en selle d'un point de vue professionnel : aller aux putes. Je sais, dit comme cela, c'est surprenant – sans doute un peu vulgaire et peut-être même légèrement incongru. Les travailleuses du secteur sexuel étaient censées prodiguer des prestations diverses et variées à leur clientèle, mais l'on n'attendait pas vraiment d'elles qu'elles leur apportent des perspectives professionnelles. C'est pourtant ce qui m'est arrivé.

J'étais, après mon divorce, un client assidu d'un établissement du dix-huitième arrondissement dénommé *La Belle Demoiselle.* Il s'agissait d'un bar à strip-tease, dont la majorité des revenus était obtenue en faisant payer des sommes délirantes aux pauvres touristes de passage venus dans l'espoir de s'encanailler. On leur proposait à l'entrée les services d'une dame pour un prix modique, ce qu'ils acceptaient bien volontiers. Mais une fois à l'intérieur, ils n'avaient ni la dame, ni le prix modique. En revanche, Mehdi se présentait à eux – et il se faisait un devoir de ne pas laisser partir les invités sans les avoir délestés de toutes leurs liquidités. Mehdi s'exprimait toujours avec une grande politesse : « Je serais très reconnaissant à Monsieur de bien vouloir faire le nécessaire pour régler la note de suite », disait-il en présentant sa facture. Il savait aussi faire preuve de patience, étant toujours d'accord pour accompagner les clients jusqu'au distributeur d'à côté pour être bien certain qu'il ne leur resterait plus rien.

À cet endroit, j'étais la seule personne qui venait, de fait, uniquement pour boire un verre devant le strip-tease, ce qui me paraissait être une activité saine et digne – quelque chose qui « avait du sens », me disais-je à l'époque. Car j'étais certes un grand fanatique de *Kwaidan* de Masaki Kobayashi ou de *Fanny & Alexandre* d'Ingmar Bergman, mais soyons franc : aucun des deux ne me divertissait autant que le spectacle d'une fille qui gigote sur un vieux tube des années 80.

La première fois que je suis entré dans l'établissement, quand Mehdi m'a proposé un verre, j'ai répondu : « Ça va, je te donne 1000 euros pour ce soir, mais tu me laisses tranquille et je reviens les jours d'après. » Cela l'avait fait rigoler. Il me laissa alors traîner quand je voulais. Un soir, la police arriva et fit semblant de vouloir faire son travail. Je ne le savais pas encore, mais tout cela était une pièce de théâtre rodée depuis des décennies, destinée à améliorer le traitement que Mehdi prodiguait mensuellement aux officiers de police. Je suis intervenu spontanément pour aider Mehdi, ce qui l'a ému. Il n'avait jamais connu, dans son milieu ou dans le milieu (ce qui revenait au même) qui que ce soit qui avait été capable d'une action désintéressée à son égard.

Je dois dire que Mehdi m'a été immédiatement sympathique. Un sourire narquois et satisfait aux lèvres, toujours bien habillé, il était un séducteur né, d'une intelligence redoutable. Il évoluait certes dans un domaine dont la moralité était discutable, mais lui-même n'était jamais cruel ou agressif. Nous nous sommes vite entendus comme larrons en foire. Il m'a donc ouvert l'arrière-porte de *La Belle Demoiselle* et fait entrer dans ses affaires. Les problèmes juridiques, pour Mehdi ou pour son personnel, ne manquaient pas. De fil en aiguille, j'ai loué un bureau en face de chez Mehdi et j'ai eu pour clientes toutes les boîtes de strip-tease du quartier. Et il y en avait ! Je ne dirais pas que tout cela rapportait autant que le droit immobilier. Cette clientèle était d'une solvabilité que l'on qualifiera poliment de douteuse. Il ne fallait pas éprouver d'allergie devant l'argent liquide, mais pour cela, j'avais une chance : je n'avais pas d'aversion pour le papier.

La situation avait généré un effet collatéral inattendu : j'étais devenu un notable. Certes, pas celui que j'aurais pensé être au départ : vous ne m'avez jamais entendu pérorer sur un plateau de télévision pour donner une soi-disant « parole d'expert » – et cela ne risquait pas d'arriver. Vous n'avez jamais vu mon visage, les sourcils froncés et l'air concerné, sur la couverture d'un ouvrage intitulé *Mon combat : autobiographie*. Non, ma célébrité était circonscrite aux commerçants de la place de Clichy et des alentours. « Ça va Dany ? » y était devenu une phrase aussi courante que « c'est combien ? » ou « c'est pour un copain ». Comme quoi, tout finissait par arriver : mon travail avait porté ses fruits – pas exactement ceux que j'avais imaginés, des fruits un peu pourris et mal proportionnés, mais des fruits tout de même.

Cela étant : méfiez-vous des images d'Épinal. Ce Paris rétro qui me portait désormais aux nues n'avait de pittoresque que la surface. Tous ces gens m'auraient planté pour trois euros si l'occasion leur en avait été donnée. Derrière les sourires de circonstance, les assiettes débordant de couscous et les prostituées gouailleuses, la réalité de cet univers était faite de capotes et de seringues, pas de lit à baldaquin et de lingerie fine. Je m'arrangeais pour ne pas avoir à regarder trop dans le détail.

Une fois revenu à mon cabinet, je me préparais à rencontrer la bien nommée Rita, une des dernières danseuses engagées par Mehdi. Devant mon bureau, je lisais le journal en prenant un café et en fumant un cigare. Pour moi, c'était ce qu'un avocat accompli se devait de faire : réfléchir dans son fauteuil en fumant et en lisant. J'essayais d'être fidèle à l'image que je m'en faisais.

Mon attention était attirée par un article dont le titre était « Les probabilités : une aide précieuse pour guider votre vie ». Le docteur Wutenberg, médecin reconnu, y écrivait ceci : « On voit dans la plupart des évènements de notre existence l'emprise du hasard ou de la chance. La vie, la mort, tomber amoureux : on peut considérer que tout cela n'est régi par rien d'autre que le sort, parfois heureux, parfois malheureux. C'est un constat juste. Mais il est également juste d'ajouter que l'occurrence des évènements répond aussi à des règles plus complexes. Ainsi, les probabilités nous enseignent que rien n'est jamais certain à 100 %. La certitude qu'un évènement va se réaliser ne peut jamais être absolue. On peut en être sûr à 99,99 %, mais pas à 100. C'est parce que l'on considère comme négligeable le 0,01 % qui sépare les deux que l'on pourrait se permettre, dans le langage courant, de prétendre que la survenance d'un évènement serait certaine. L'inverse est tout aussi vrai : il est impossible d'affirmer qu'un évènement ne va pas survenir. Si vous prétendez que des Martiens vont atterrir demain dans mon jardin et m'aider à tondre ma pelouse, je suis en mesure de vous rétorquer, sur la base de mon expérience passée, que la probabilité que cela arrive est infime, extrêmement proche de zéro. Mais je ne peux pas certifier que cela est impossible. Car en fait : rien n'est impossible. »

Je cessai de lire la suite. L'article avait touché du doigt une idée que j'avais confusément en tête depuis longtemps : rien n'était impossible. On pouvait atteindre n'importe quel but, voilà ce que disait en substance Wutenberg. Attention, j'avais bien compris que la probabilité pouvait en être très faible, mais enfin, j'étais convaincu : il existait toujours une chance, aussi mince soit-elle, de partir d'un endroit A pour arriver à un endroit B.

Cet article produisit en moi un déclic. J'avais 53 ans. Ma situation n'allait pas s'améliorer, que ce soit d'un point de vue médical ou professionnel. Je sentais qu'il était temps de déclencher ce dernier acte entre Diane et moi. J'avais encore suffisamment d'énergie pour engager mes forces dans une direction. Il me restait peut-être cinq à dix ans à vivre normalement, après ce serait trop tard. Cela allait prendre le temps nécessaire, mais j'y arriverais : récupérer Diane.

Je me faisais ce serment à moi-même, comme Scarlett O'Hara sur sa terre rouge. On sonna à la porte. C'était Rita.

5

LE CABANON BLEU, société éditrice d'*Une matière molle : les conditions de travail dans la sidérurgie*, prenait chaque jour un peu plus conscience de l'immense potentiel commercial que représentait le livre. Elle avait mis en place une série de courts-métrages, ayant vocation à être diffusés sur son site internet, mettant en scène Quintana dans diverses circonstances permettant de valoriser son ouvrage. Chacun d'entre eux se terminait par une minute consacrée à l'auteur, lisant un passage de son livre.

Ce jour-là, il avait été prévu de filmer Quintana devant son pavillon de Saint-Germain-en-Laye au sein duquel il habitait – et qui avait aussi été la maison dans laquelle il avait grandi. Il faisait faire le tour du pavillon au cameraman, en racontant son enfance : «J'ai vécu ici, dans cette maison. Un jour, l'année de mes 8 ans, j'étais seul et j'ai reçu une visite des huissiers. J'avais compris que c'était important, alors j'ai lu la lettre qu'ils venaient délivrer. C'était écrit dans un langage très administratif, technique, avec des mots que je ne comprenais pas : expropriation, force publique, tribunal administratif. J'étais terrorisé, et j'ai appelé mes parents. Ceux-ci ont engagé un recours judiciaire. Cela a duré des années, mais on a fini par obtenir gain de cause et on a pu rester chez nous. Ainsi, mes parents ont eu la possibilité de me léguer l'endroit avant leur mort. C'est vous dire à quel point j'y suis attaché. Même si cet épisode s'est bien terminé, il m'en est resté une grande envie d'en découdre avec l'injustice, sous toutes ses formes. »

Il y avait ensuite une image au ralenti se déplaçant autour du pavillon, sur une mélodie jouée au piano. Tandis que la musique continuait, on voyait l'auteur, cette fois assis sur une chaise haute, en jean et chemise blanche, lisant ceci :

« Guillaume est en sueur ce matin, en sortant du bureau du Directeur. Étant un des plus anciens syndicalistes de Metallotech, il a un rôle de passeur et d'instructeur à l'égard des autres personnalités du site, surtout les plus jeunes. Il vient de consacrer sa matinée à alerter toute la hiérarchie des risques liés à l'utilisation de poulies trop petites pour les transports de charges. Il a monté quatre à quatre tous les étages du bâtiment de la direction de l'établissement. Dans ce type de circonstances, chaque seconde compte. S'il arrive trop tard pour prévenir, un drame peut survenir, raison pour laquelle il n'a pas ménagé sa peine.

La seule réponse qu'il reçoit, à 15 heures, est un mail de la direction des ressources humaines : "Nous vous remercions de nous avoir informés des difficultés mentionnées dans les éléments que vous nous avez adressés plus tôt ce matin. Comme vous le savez, Metallotech ne tolère aucune infraction aux règles de sécurité et prend, dans le cadre de sa démarche d'amélioration continue, l'ensemble des actions nécessaires pour que toute absence de conformité soit résolue sans délai. En l'espèce et après vérification approfondie, les poulies utilisées n'engendrent pas de difficulté particulière au regard des normes en vigueur. Nous vous invitons à renouveler tout signalement qui vous apparaîtrait opportun, que cela soit dans le cadre de vos fonctions ou de votre mandat, afin de nous mettre en mesure de résoudre les éventuelles difficultés auxquelles notre site pourrait être confronté."

Lorsque j'arrive à sa rencontre sur le site à 15h30, Guillaume est encore en larmes, pétri d'angoisse qu'un accident survienne. "Tout est comme ça", m'explique-t-il. "C'est de l'économie de bouts de ficelles. L'argent, toujours l'argent. Ils préféreraient nous voir crever plutôt que de faire la dépense nécessaire pour remplacer les poulies et arrêter la production ne serait-ce qu'une heure. Et il n'y a pas que sur ce site ! C'est toute l'entreprise qui est conçue de cette façon. C'est systémique." »

Après ce dernier mot, Quintana demeurait face caméra pendant quelques secondes, regardant le spectateur dans les yeux – puis le bref générique prenait le relais sur un fond noir, dans un silence de circonstance.

6

« C'EST le Révérend qui a tué Lenoir ! » Zebrowski, fort d'une expérience éprouvée, était certain de sa réponse. « Raté », répondit Étienne, son collègue avec lequel il s'acharnait depuis le milieu de la matinée sur une partie de *Cluedo*.

« Allez, mes cailles, on va tous en excursion pour deux heures ! » La voix de Gilles retentissait dans le couloir ; tous les membres de l'équipe partirent le rejoindre. Zebrowski resta seul dans le bureau. Il n'avait pas suivi les autres. Gilles, fatigué de devoir le rappeler à l'ordre, ne lui demandait quasiment plus rien. Henri rangea avec minutie chaque ustensile du jeu de société dans sa boîte. Sa mère lui avait acheté ce *Cluedo* pour l'anniversaire de ses 8 ans. Il l'avait depuis conservé en parfait état, sans en perdre un seul jeton – et le plaça précieusement dans un tiroir de son bureau. Dans le capharnaüm qui composait l'existence de Zebrowski, cette boîte, seul souvenir concret de son enfance, faisait l'objet d'une attention particulière.

Il n'avait pas été toute sa vie cet individu paresseux et inconséquent. Au début de ce que l'on aurait pompeusement nommé « sa carrière », il était, comme beaucoup, un jeune naïf désireux d'arrêter des criminels. *L'inspecteur Henri* : c'est ainsi qu'il demandait à son entourage de l'appeler, au lycée, après avoir découvert le chef-d'œuvre quasi homonyme interprété par Clint Eastwood. Zebrowski ne s'était jamais remis d'avoir découvert la grande œuvre de Don Siegel à l'âge de 15 ans. À l'époque, le film avait encore, pour beaucoup, une odeur de soufre et était largement considéré comme une apologie du fascisme. Mais cet aspect n'avait pas du tout intéressé Henri, qui avait surtout été sensible au fait que le film narre la traque d'un tueur en série par un policier déterminé, que rien n'arrêterait.

Le jeune Zeb, comme beaucoup d'adolescents de sa génération, s'était engagé dans des études de droit à défaut de savoir exactement ce qu'il voulait faire. Il aurait, pour cela, besoin d'un mentor. Coup de chance : en première année, les étudiants de sa promotion bénéficiaient des enseignements du Professeur Bouteau, une des références absolues du droit civil. Il était l'auteur, depuis des décennies, du manuel de référence en cette matière, réédité chaque année. À l'époque, on ne pouvait pas prétendre être reconnu comme un authentique étudiant en droit si l'on n'avait pas *Le Bouteau* sous le bras.

La biographie du professeur, telle que rédigée dans son manuel, était la suivante : « Agrégé de droit privé et de sciences criminelles, membre émérite de l'Académie des sciences morales et politiques, avocat puis professeur à l'université, Grégoire Bouteau est un des plus grands juristes français de l'après-guerre. Au travers de son œuvre, il a su rendre au droit plus qu'une morale : son humanité. » Et de fait, à l'université, chacun reconnaissait à Bouteau un grand cœur et une capacité à nouer une relation affective avec ses étudiants. Ainsi, il faisait passer lui-même un oral de droit civil à chacun d'entre eux. C'était un moment privilégié dont tous repartaient avec de la lumière dans les yeux.

Dès ses jeunes années, Henri était déjà peu enclin au respect de la verticalité. Il n'avait aucune intention de s'extasier devant Bouteau au moment de passer son oral. Après avoir attendu pendant une heure dans un couloir, il se retrouva enfin dans une petite salle, en face du professeur. Au moment de s'asseoir, il ressentit un profond désordre intérieur. Son cœur se mit à battre la chamade. Ses jambes s'agitaient toutes seules. Il s'empêchait de claquer des dents. Tout cela dépassait de loin l'anxiété naturelle que pouvait provoquer un examen de cette nature, surtout chez Henri.

Lors de l'oral, le professeur avait tenté de faire dire les bonnes réponses à Zeb. Il s'était montré compassionnel et paternel, souriant et humain. Mais cet étudiant-là n'avait pas voulu nouer la moindre relation et avait assumé son ignorance crasse, refusant de développer une réponse sur la base des indices que Bouteau lui avait si généreusement distribués. Tout cela avait duré cinq minutes. Henri n'avait qu'une seule envie : quitter la salle le plus rapidement possible, car il ne supportait plus la présence de l'enseignant. Il ne retrouva sa pleine maîtrise que revenu dans le couloir.

Dix-huit mois plus tard, Bouteau fit la une des journaux, pour avoir participé à une série de meurtres satanistes, accomplis lors de rituels dignes des meilleurs films de la *Hammer*[3]. Cela avait rempli Zeb de fierté. Il avait senti que, chez le bien-aimé professeur pétri d'humanité, « quelque chose clochait ». Henri avait su percevoir en ce personnage l'expression parfaite du mal, d'autant plus pernicieuse qu'elle se présentait sous des

3. Firme anglaise spécialisée à partir de la fin des années 50 dans la production de films d'horreurs gothiques, souvent interprétés par Christopher Lee ou Peter Cushing.

habits vertueux. Cela l'avait convaincu de devenir officier de police judiciaire.

Mais la réalité du travail policier, telle que l'a découvert le jeune Zebrowski, s'est avérée très différente de toutes ses rêveries sur les films d'Eastwood ou la traque de tueurs dangereux. Ou plutôt : c'était précisément l'inverse de ce qu'il avait imaginé. Pour ce qu'il avait eu à en connaître, il s'agissait essentiellement d'un travail administratif, consistant à rédiger et classer des procès-verbaux. Ce n'était pas tant que le travail du policier était entravé par la bureaucratie, comme Henri l'avait présumé en regardant *Dirty Harry*. Non : le travail du policier était de la bureaucratie. Pour Zebrowski, l'obtention d'un résultat concret n'y était pas seulement difficile, mais hors de propos – à tel point qu'on pouvait se demander si cela n'était pas volontaire. Rapidement, Henri avait fait un pas de côté et cessé de participer, jusqu'à devenir cet individu asocial, alcoolique et souvent violent à l'égard de ses concitoyens.

Désormais, il ne supportait plus personne : les boulangers, les féministes, les homosexuels, les bouchers, les Juifs, les Arabes, les patrons, les transsexuels, les employés, les noirs, les jaunes, les espèces en voie de disparition, les animaux, les manifestants, les passants tranquilles, les vieux, les gamins : il les détestait tous avec sincérité. Car rien n'est plus faux que l'idée que l'on se fait du *perdant sympathique*. Zebrowski, lui, était un perdant *antipathique* – assumé de surcroît.

Il faut dire que l'échec n'avait plus vraiment bonne presse de nos jours. Il y a encore quelques années, l'idée commune était que le monde se partageait entre les gagnants et les perdants, distinction certes un peu caricaturale, mais qui se défendait. Ainsi, on admettait que les perdants constituaient probablement la majorité des individus, de sorte que ce constat, s'il n'était pas enviable, était du moins suffisamment répandu pour qu'il ne s'agisse pas d'une honte indélébile – le jeu consistant à le cacher le plus possible. Une telle vision des individus avait néanmoins des effets secondaires indésirables : notamment, le fait que les plus malheureux, considérés « en situation d'échec total », se voyaient stigmatisés, ce qui les empêchait encore davantage de s'en sortir.

Mais depuis un certain temps, la notion d'échec avait muté dans l'inconscient collectif. Désormais, cela n'était plus considéré comme une « situation » – terme qui impose un minimum de permanence – mais comme une transition vers le succès. « Tout va mal ? Mais tu as là une merveilleuse opportunité de rebondir ! Retroussons-nous les manches, au travail ! Youpie ! » En d'autres termes : l'échec avait disparu des esprits, pour peu qu'on ne veuille plus le voir. Ainsi, plus personne n'était perdant. Tout le monde il a gagné.

Zebrowski faisait partie de ce club très fermé des rares perdants irrécupérables, ceux dont le ratage était irrémédiable et irréversible. Chacun aura pu remarquer que l'existence même de cette catégorie d'individus était souvent remise en cause par la plupart. L'échec ayant disparu, les quelques rares hurluberlus qui réussissaient à demeurer des *loosers* dans un tel contexte étaient invisibilisés – ou « cancelés » pour manier un anglicisme à la mode. Chacun peut en faire l'expérience : dites que vous allez mal et que cela ne s'arrangera sans doute pas ? On vous répondra que vous êtes complaisant. Vous côtoyez un pauvre quinquagénaire repoussant, à l'élocution primaire et au travail déprimant ? Vous aurez tendance à penser qu'il n'a pas encore fait le voyage d'été en club, qui lui aura permis de trouver la bonne compagne, aussi moche et ennuyeuse que lui. Regardez le film français le plus misérabiliste du moment : vous trouverez toujours quelque chose qui vient *racheter* le protagoniste d'une manière ou d'une autre, aussi peu enviable soit son sort. L'échec, le vrai, celui dont on ne sort pas, était devenu le repoussoir ultime.

Mais pas pour Zebrowski. Lui avait conscience que son existence avait pris le mauvais tournant. Il ne savait plus depuis quand exactement, mais avait acquis la certitude que rien désormais ne pourrait l'inverser.

7

LA PIRE situation qui puisse arriver est de se retrouver à la merci de celui ou celle qui estime avoir été *votre* victime. Et cela ne date pas d'hier. Regardez les parties civiles dans un procès pénal : pour elles, la peine appliquée n'est jamais suffisante. « Il a pris trente ans de prison ? C'est bien gentil. » « La perpétuité ? Il a de la chance, moi, je l'aurais découpé en petits morceaux. » L'expérience démontre qu'il est tout simplement impossible, pour toute personne ayant eu à souffrir d'autrui, de conserver un principe de proportionnalité dans la juste rétribution des choses. Au contraire, cela éveille un sadisme que rien ne vient rassasier.

C'était particulièrement vrai pour Rita, qui vociférait devant moi :

– Non, mais vous vous rendez compte, Maître ? Il a quitté la chambre sans me donner un billet. Mais j'ai bossé, moi, je fais comment ? Je veux le poursuivre. Je veux que les flics aillent expliquer à sa femme comment son mari est allé la tromper avec une professionnelle ! Qu'on lui prenne sa maison et qu'on me la donne, avec tout ce qu'il y a dedans. Moi aussi, j'ai droit à la justice !

Cela faisait trois fois en deux jours que Rita venait me consulter à l'improviste pour des sujets divers et variés. Comme je l'écoutais gentiment, elle avait constaté qu'elle disposait au moins d'un exutoire pour tout ce qui n'allait pas dans sa vie – et cela faisait beaucoup.

Lundi, elle voulait attaquer son bailleur qui ne lui laissait pas assez de délai pour payer son loyer. Mardi c'était au tour d'un vendeur en ligne qui l'avait arnaquée sur une paire de chaussures – et qu'elle voulait agonir de sottises sur les réseaux sociaux. Maintenant, il s'agissait d'un mauvais payeur. Car il faut bien comprendre que les danseuses embauchées par Mehdi avaient, pour l'immense majorité d'entre elles, une activité parallèle. Leur position au sein de *La Belle Demoiselle* les aidait à trouver des clients ; elles reversaient vingt pour cent de leurs gains à Mehdi. Tout cela fonctionnait très bien.

Je hochais la tête, l'air concerné. « Je ne sais pas si nous pourrons faire grand-chose, mais je vais analyser la situation. Vous passez me voir lundi prochain ? » Elle partait en souriant – normal, nous n'avions pas parlé d'argent. Rita, qui avait été choquée par son client, ne voyait en revanche aucune objection à s'asseoir en face de moi pendant des heures sans payer un centime pour me raconter sa vie.

Soyons honnête : j'étais ravi de sa présence, au point que je n'avais nul besoin d'honoraires. Elle était jeune et de bonne humeur, en dépit d'une existence peu enviable. Ses problèmes me fatiguaient, mais dans le même temps, j'étais heureux de passer devant elle pour une figure d'autorité. Et il existait toujours la possibilité que je fasse appel à ses services un jour ou l'autre. C'était un pas que je n'avais pas encore franchi, avec Rita ou une autre d'ailleurs. Mais l'idée que ce fût possible, en la voyant en face de moi, me suffisait – au moins pour le moment.

Surtout, je me demandais si Rita ne pourrait pas jouer un rôle quelconque, d'une manière ou d'une autre, pour m'aider à récupérer Diane. C'était un pion que j'avais dans ma poche. Mais je n'avais pas encore défini de stratégie me permettant d'en tirer parti. J'étais particulièrement rassuré depuis que j'avais un but, aussi difficile soit-il. Il me restait à trouver le plus difficile, à savoir un chemin pour l'obtenir.

8

GUILLAUME RADIER avait trente ans de syndicalisme à son actif, tous passés à militer chez Metallotech. En se rendant chez Quintana ce matin-là, il avait un but clair et précis : l'argent. Son intention était de repartir plus riche de plusieurs dizaines de milliers d'euros, au moins. Peut-être une centaine ?

Il n'avait pas lu *Une matière molle : les conditions de travail dans la sidérurgie* dès sa sortie en librairie. Mais quelques semaines plus tard, il avait regardé le court-métrage réalisé par Le Cabanon Bleu. Et il s'était reconnu. Guillaume, le syndicaliste en larmes : c'était lui. Il avait alors acquis le livre et n'avait pas seulement retrouvé certains passages. Tel qu'il voyait les choses, il s'agissait quasiment de sa biographie. Quintana allait s'enrichir grâce à lui, il lui paraissait normal d'en profiter – même par effet de ruissellement.

Certes, il avait déjà touché un peu d'argent. Quintana lui avait remis, l'année précédente, 1500 euros en liquide en échange des informations que Radier lui avait données. Mais à l'époque, ce dernier n'avait aucune conscience de ce que de tels renseignements pourraient avoir de la valeur – marchande s'entend. Il considérait donc que tout cela méritait d'être recontractualisé afin d'éviter d'être lésé.

Lorsqu'il arriva à 11 heures, Quintana lui ouvrit la porte de sa maison de Saint-Germain-en-Laye. Toutes les pièces, au rez-de-chaussée, y étaient très vastes. Chaque mur était d'un blanc laqué ; l'intégralité du mobilier était noir. Le journaliste proposa à son invité de s'asseoir prendre un verre dans l'immense canapé de son gigantesque salon, dans lequel trônait une monumentale table en verre. Il n'y avait ni télévision, ni armoire, ni décoration d'aucune sorte.

Radier, assis, commençait à expliquer son souci, pendant que Quintana préparait deux verres dans le bar derrière lui. « Patrick, on se connaît depuis longtemps. J'étais à l'enterrement de tes parents, après leur accident. Tu as été là quand je suis tombé malade. Tu deviens riche et célèbre, je suis très content pour toi. Mais moi aussi, je dois avoir ma part. Il faut que ce soit juste. Là, tu as pris tout ce que je t'ai raconté et tu l'as retranscrit sans filtre, tel quel. Est-ce normal que tu tires tout le crédit pour toi seul ? Je ne crois pas. »

Le syndicaliste attendait une réponse, qui ne venait pas. Quintana était toujours à s'affairer derrière lui. Il avait à peine dit deux mots. Radier commençait déjà à s'énerver : « Il faut se mettre à ma place ! Tu le prendrais comment si moi, j'allais dire que j'étais le vrai auteur de ton best-seller ? Ça intéresserait du monde, tu peux en... » Il n'eut pas le temps de finir sa phrase, car un chiffon ayant une drôle d'odeur se plaqua fermement sur sa bouche. En quelques secondes, le chloroforme avait fait son effet et Radier s'évanouit.

Il rouvrit les yeux sans savoir combien de temps s'était écoulé. En cherchant à bouger les bras, il se rendit compte que tout mouvement lui était impossible. Plus précisément : il était toujours dans le même salon, mais par terre, bâillonné et ligoté des pieds jusqu'à la tête. Quintana était en face de lui, assis sur un fauteuil, allumant une cigarette. En entendant Radier tenter d'émettre un son, il le regarda en souriant. Puis il commença à lui parler, en adoptant un ton pompeux.

« Mon cher Guillaume, tu dois réaliser que je ne suis hélas pas en mesure de répondre de manière favorable à ta requête financière. En effet, ta demande se heurte à diverses considérations que je me dois de t'expliquer avec l'ensemble des détails nécessaires, afin que ton information soit effectuée de la manière la plus loyale possible. »

Radier, paniqué, ne comprenait pas un mot de ce que Quintana était en train de lui raconter. Il cherchait à crier et se débattait, sans succès. Le journaliste continuait, sur un ton encore plus emphatique.

« Tout d'abord, je n'ai aucun souhait que la rémunération octroyée à ton serviteur au moyen des ventes de ce livre, excellent au demeurant, ne soit réduite d'une quelconque façon. Et j'ajouterais non seulement ne pas le souhaiter, mais être prêt à agir afin qu'une telle réduction n'intervienne pas, ainsi que tu peux le réaliser à l'heure où je te parle.

Par ailleurs, et il s'agit là d'une considération différente, j'ai trouvé fort déplaisant, pour ne pas dire plus, que tu évoques la possibilité de prétendre être l'auteur réel de ce très bon livre. Et surtout que tu imagines émettre une telle affirmation de manière publique. Là encore, un faisceau de circonstances m'incite à agir, certes de manière incidente à ton encontre, mais en tout état de cause dans un objectif d'auto-préservation qui me paraît absolument légitime.

Des points qui précèdent, on pourrait donc tout à fait déduire, de manière logique, qu'il me soit à présent nécessaire de procéder à divers gestes, pertinemment choisis, destinés à faire cesser ton existence terrestre. »

Radier avait les yeux écarquillés et le souffle coupé. Il n'essayait plus de bouger. Il commençait à comprendre une vérité dont il n'avait jamais soupçonné l'existence auparavant : Quintana était fou, complètement et irrémédiablement. Il s'exprimait dans un salmigondis pénible, probablement hérité du langage technico-administratif qu'il avait eu à connaître depuis qu'il avait été confronté à une possibilité d'expropriation. Cela avait l'air de provoquer chez lui une intense jouissance.

« Allons jusqu'au bout : ce ne sont pas les seuls motifs ayant conduit à ce que tu sois désormais entravé, ni ceux qui présideront à la suite des évènements.

Non : la vraie raison pour laquelle il est fort probable que ta vie cesse à court terme, c'est que cela me procure un immense plaisir. Je peux parfaitement concevoir qu'une telle idée te dépasse, mon cher ami, mais je tiens à préciser que cela n'a rien de personnel. La possibilité de terminer la vie d'autrui me procure un bonheur dont tu n'as tout simplement pas idée. Pour certains, ce sont les maquettes ferroviaires, pour d'autres, la canne à pêche : pour moi, c'est cela. Et crois-moi : cela ne date pas d'hier. Je m'y emploie dès que la faculté m'en est octroyée !

J'adore le moment où le sujet, toi en l'occurrence, réalise le caractère imminent de sa disparition, ainsi que tu es en train de le faire. Alors là, mon cœur fait "Boum", comme chantait l'autre ! Ainsi, tu ne peux plus remettre les questions existentielles à un autre jour.

C'est maintenant ! Ou disons d'ici un quart d'heure, environ. On en est là – eh oui, mon ami ! – pour te dire à quel point l'issue est proche. En théorie, certes, tu peux encore espérer. On peut tout imaginer. Mais enfin, je ne vais pas faire de crise cardiaque maintenant. Il n'y a aucun voisin mitoyen. Personne ne sait que tu es ici, puisque nous avons toujours fait attention à ce que nos entretiens soient confidentiels. J'ai donc quartier libre. »

Quintana commençait à ressentir des picotements dans le dos et les bras. C'était l'impatience. Il était comme moi devant un kebab-frites, si je n'avais pas mangé depuis trois jours. Son discours gardait de la tenue, mais cela lui demandait désormais plus d'efforts.

« Il reste à déterminer le moyen que je vais utiliser afin d'obtenir l'arrêt définitif de tes fonctions vitales. On ne peut pas non plus s'en remettre au hasard sur de tels sujets, car contrairement à ce que l'on pourrait penser de prime abord, ce n'est pas si simple. Et j'évoque cette question devant toi avec le magistère, ou disons la légitimité que m'octroie l'expérience. À cet égard, je dois confesser ne jamais avoir, à ce jour, procédé par strangulation. Je vois là, ma foi, une perspective très réjouissante, je me dois de le dire. Peut-être sera-ce douloureux ? Je ferai mon possible pour l'éviter, mais à dire vrai : tu peux bien avoir mal, j'en ai rien à foutre ! »

9

ZEBROWSKI n'avait pas un début d'idée de l'endroit où il venait d'ouvrir les yeux, encore moins de l'heure qu'il était. Il n'était pas vraiment allongé. Sa tête et ses épaules étaient sur un matelas posé à même le sol, le reste de son corps était par terre. Toute une série de détritus divers était répandue sur le parquet. Il le réalisa tout de suite : la fermeture Éclair de son pantalon était descendue.

Il voyait une tablette devant lui, sur le matelas. Machinalement, il l'alluma et y jeta un œil. L'image le fit se redresser instantanément et s'exclamer : « Mais qu'est-ce que c'est que cette horreur ? » En se relevant et en remettant sa fermeture Éclair, il manqua de trébucher sur des bouteilles vides. Il jeta un œil autour de lui : c'était une petite pièce à la lumière blafarde, sans aucun mobilier si ce n'étaient quelques coussins dispersés par terre. Deux autres individus y dormaient encore. Zebrowski regarda son téléphone. Il était 15 heures. Il avait reçu un nombre considérable de messages de Gilles depuis le début de la matinée, le sommant de le retrouver immédiatement dans son bureau. Zebrowski quitta l'endroit rapidement sans dire au revoir.

Arrivé dans le bureau de Gilles, celui-ci démarra sans transition :

– T'es con, Zeb, mais t'es con !

Gilles ne tenait pas en place et faisait des tours dans le bureau devant Henri, qui demeurait assis et immobile.

– Qu'est-ce qui t'obligeait à secouer ce type l'autre jour ? Dans une manifestation contre les violences policières en plus ! Tu es attardé à ce point ? Tu as été pris en photo. J'ai l'IGS sur le dos et le type a porté plainte. On a des heures d'emmerdes devant nous pour s'en dépêtrer maintenant.

– Allez, viens, embrasse-moi, c'est pas si grave, dit Zeb en tendant les bras, fais-moi un bisou, quoi.

– Tes bisous, tu peux te les carrer. Tu vas aller m'écrire tout de suite une lettre d'excuse à ce manifestant. Et tu la fais manuscrite ! Et pas en deux lignes, je veux une pleine page, avec des regrets et tout.

– Je vais mettre une ou deux gouttes d'eau pour simuler des larmes. Tu verras, ce sera émouvant.

– Allez, casse-toi.

Il faisait déjà nuit quand Zeb quitta les locaux de la PJ. Il décida d'aller traîner vers Pigalle pour commencer la soirée. Il marchait lentement, en regardant les vitrines de sex-shops et de clubs de strip-tease. Il se disait que cela faisait très longtemps maintenant qu'il n'avait pas connu une relation d'ordre sexuel avec une personne du sexe opposé – en tout cas, dont il se souvienne.

La meilleure relation que Zeb eût connue n'avait d'ailleurs pas été de cette nature-là. Montserrat était la femme de ménage espagnole qui travaillait chez lui tous les jours, depuis ses 12 ans et jusqu'à ce qu'il quitte le domicile parental à l'âge de 21 ans. Il avait grandi à La Rochelle, seul avec sa mère. Celle-ci, assistante du maire, n'était jamais là, mais avait obtenu une aide exceptionnelle de la commune pour employer du personnel de maison. Ainsi, c'est Montserrat qui avait élevé Zeb pendant une grande partie de son adolescence.

D'une quarantaine d'années à l'époque, elle devait peser une centaine de kilos et passait son temps au téléphone, à hurler en espagnol avec ses amis. Elle ne s'occupait pas vraiment de la maison : son travail principal consistait à être là. La mère de Zeb laissait un peu de liquide, qu'il partageait avec Montserrat pour organiser leur vie commune.

À l'époque où Henri était officiellement étudiant en droit, sa journée commençait vers midi, heure à laquelle elle déboulait dans sa chambre et se mettait à hurler pour le réveiller : « *Vas a despertar, oui ?* » Même un Espagnol n'aurait pas compris la moitié de ce qu'elle racontait, car elle s'exprimait en permanence très fort, dans une sorte de charabia franco-ibérique – Zeb se demandait s'il n'y avait pas encore d'autres langues là-dedans qu'il n'arrivait pas à reconnaître. Parfois, elle se contentait de cogner à répétition une grande cuillère sur une poêle, c'était tout aussi bien.

Une fois éveillé, Zeb la retrouvait dans la cuisine, où l'attendait une immense assiette de coquillettes au ketchup. En règle générale, il était encore un peu embrumé en arrivant à table. Mais il y avait tellement de sauce qu'une seule bouchée suffisait à le réveiller en une seconde. Leur moment préféré était le dessert, car ils pouvaient chacun attaquer leur flan à la vanille devant le générique des *Feux de l'Amour*. C'était un grand moment de communion entre Zeb et Montserrat : ils chantaient ensemble sur les délicates notes de piano qui accompagnaient la présentation des personnages. Cela se terminait lorsque l'on voyait la matriarche de la famille, à qui on remettait un collier de perles scintillant. Elle plaçait alors sa main sur les bijoux autour de son cou, en ressentant une sorte de frissonnement orgasmique, moment qui déclenchait tous les jours une crise de rire inextinguible entre Zeb et Montserrat.

Elle et lui n'avaient pas grand-chose à voir l'un avec l'autre et, d'ailleurs, se parlaient à peine. Les seuls contacts physiques entre eux avaient consisté à ce qu'elle lui frappe le crâne pour qu'il se réveille plus vite, ce qui arrivait environ un jour sur deux. Mais cette relation avait été ce que Zeb avait connu de plus proche de la douceur et de l'insouciance. Il savait que les coquillettes au ketchup de Montserrat, aussi dégueulasses aient-elles été, représentaient, de loin, la meilleure période de son existence – et qu'il ne la retrouverait jamais.

C'est à cela qu'il pensait en entrant au Supersexmarket, le supermarché du sexe comme son nom l'indique, situé à proximité du boulevard de Clichy. En regardant les étalages, Zeb se dit que les gens avaient de l'imagination. Il toucha à peu près tous les ustensiles présentés, attirant l'attention du patron de l'établissement. Ce dernier n'eut pas le temps de dire un mot qu'Henri lui montra discrètement son badge. Le directeur s'en alla silencieux.

Zeb passait aux vidéos maintenant. L'une d'entre elles attira son attention. Il tendit le bras pour la prendre lorsqu'il entendit une voix familière dans son dos :

– Eh ben alors, Zeb, tu ne vas pas acheter ça tout de même ? Tu feras comment pour rembourser le Financier après ?

Dédé était entouré de deux acolytes. Henri sentit tout de suite que la situation, apparemment anodine, était en réalité dangereuse.

– Ça donne envie, fais voir, dit-il en prenant la vidéo. Ah oui, Bizutage bisexuel 3. Eh ben alors, Zeb, on est de la jaquette ? On a ses petits secrets.

– Il faut s'intéresser à tout, répondait Henri en essayant de garder toute sa contenance ; il savait que montrer le moindre signe de faiblesse pourrait avoir sur lui de terribles conséquences.

– Alors, tu le prends ou pas ? Et qu'est-ce que je vais dire au Financier ?

– Je suis sûr que gentil comme il est, il ne m'en voudra pas pour si peu.

– Tu sais quoi ? Tu as raison. Et d'ailleurs, tu vas pouvoir le lui dire en personne : il est là. Suis-nous.

Cette dette empoisonnait de plus en plus la vie de Zebrowski. Il ne savait d'ailleurs même plus à quoi elle correspondait. Prise à l'origine pour jouer aux courses, elle avait muté ensuite en un amas d'intérêts et de prêts complémentaires contractés pour s'en sortir au jour le jour.

Zeb marcha derrière Dédé jusqu'à un couloir, au fond duquel se situait un petit bureau, une pièce dans un état quasi insalubre. Cela faisait longtemps qu'il n'avait pas vu le Financier – de son vrai nom Frank Choukroune. Il était minuscule, chauve – et arborait une longue et fine moustache censée lui donner un air de distinction.

Dédé remit la vidéo à son patron en lui disant : « je suis tombé sur Zeb qui voulait acheter ça ». Le Financier approcha son visage tout près de la couverture du DVD et ouvrit grand les yeux. Il parlait lentement, un léger sourire aux lèvres, assis derrière une petite table. « Un programme de grande qualité. Cela me fait très plaisir de voir que tu t'intéresses à des choses importantes, mon petit Zeb. »

Henri avait analysé tout le chemin qu'il avait fallu traverser pour arriver jusqu'au bureau. Il n'y avait aucune issue. Il allait falloir qu'il s'en sorte en discutant. Pour cela, il décida d'avoir l'air suffisamment à l'aise, mais pas trop. Il s'assit sur la chaise en face du Financier, pour bien montrer qu'il était prêt à s'installer dans la conversation sans crainte. Il voulait aussi mettre en place un léger rapport de force, pour le cas où son interlocuteur aurait eu envie de s'en prendre à lui tout de suite. Il répondit d'un ton assuré :

– Moi aussi, cela me fait plaisir de te voir, cher Frank. Je n'ai pas beaucoup entendu parler de toi à la brigade ces derniers temps et j'ai donc pensé que tu t'en portais bien. Il faut que ça reste comme ça, c'est ce qu'on souhaite tous.

– Comme tu es gentil. Moi aussi, je me fais beaucoup de souci pour toi. Surtout pour ta dette. Rassure-moi : tu auras tout réuni lundi prochain ?

– Pas lundi, Frank : dimanche. À 20 heures.

– Oh, tu entends ça, mon Dédé ? Ça, c'est un homme. Heureusement qu'il aura tout remboursé. Inutile donc d'aller à La Rochelle, là où il y a la famille de notre ami Zeb, puisqu'il va tout payer. Annule tes billets, annule Dédé.

– On va attendre dimanche pour en être certains, non ? répondit Dédé.

– Oui. Tu es prudent, j'aime ça aussi. Une bien bonne soirée à toi, mon petit Zeb.

Henri se releva et prit congé. En sortant du Supersexmarket, il voyait au moins un avantage à la situation : être encore en un seul morceau et ne pas avoir été abîmé. Les menaces du Financier au sujet de sa famille ne lui faisaient pas peur : sa mère était morte depuis dix ans. En revanche, pour sa propre survie, Henri allait devoir prendre le sujet au sérieux. Il se rassurait : on était encore mardi. Il avait du temps devant lui, d'ici dimanche, pour trouver un moyen de racketter quelques dealers quelconques qu'il trouverait sur son chemin.

En continuant à marcher dans les ruelles autour de la place de Clichy, Henri surprit une jeune femme hurlant contre un agresseur, qui essayait apparemment de lui enlever son manteau, sans doute avant de passer au reste. Il poursuivit sa marche et les dépassa, avant de revenir sur ses pas. Zeb arriva derrière l'individu et appuya sur l'intérieur de son poignet. L'agresseur tomba à genoux en quelques secondes, stupéfait. Un coup de pied dans le visage l'évanouit pour un bon moment. La jeune femme remit son manteau et s'approcha de Henri pour le remercier. Il la gifla à son tour, puis frappa son ventre avec son genou. Elle tomba sur le sol, cherchant sa respiration. Henri ramassa son sac, en sortit son portefeuille et lui jeta le bagage vide à la figure.

Il compta les billets que cette opération improvisée lui avait offerts. Quatre cents euros : on était loin de la somme due au Financier, mais au moins, la soirée s'annonçait correcte.

10

SOIT une personne X, de sexe masculin, avocat vivant d'une clientèle interlope, la cinquantaine, membre de la communauté juive sans en être pratiquant ni avoir une quelconque croyance, amateur de cinéma et de cigarettes, mais dont la santé est défaillante. Soit une personne Y, de sexe féminin, la quarantaine, brune et distinguée, d'éducation catholique non pratiquante, travaillant au cabinet du ministre de la Culture. Soit une personne Z, de sexe masculin, travaillant dans le milieu des affaires et pourvu, semble-t-il, d'une certaine réussite financière.

Un peu de géométrie : X avance sur une droite A. Y avance sur une droite B. Les chemins de X et de Y ne se rencontrent pas : les droites A et B sont donc parallèles. Comment faire pour qu'elles soient sécantes ? Il fallait l'intervention d'un tiers pour appliquer un vecteur susceptible de modifier ce parallélisme, c'était la seule et unique conclusion logique. Et seule une autre personne dans le plan existait en dehors de X et Y : c'était Z.

Le nouveau compagnon de Diane était à la fois la cause du problème et sa seule possibilité de résolution. Il allait falloir que Diane me voie à côté de ce type, procède à une analyse comparative, et en fin de compte me choisisse. Ce serait un duel à la loyale, le combat d'une vie. Il n'en resterait qu'un seul debout et ce serait moi.

Comme nous étions désormais dans une époque civilisée, nous ne pouvions plus envisager de duel à l'épée ou au fleuret. « Regarde Diane ! Passe avant, balestra, fente ! » On éviterait aussi les pistolets. « Monsieur Schwartz, êtes-vous prêt à recevoir le feu de Monsieur le compagnon actuel de Diane dont vous ne connaissez même pas le nom ? » Non, j'allais faire bien mieux. Mon plan était tout trouvé : devenir le meilleur ami de ce type, coller au train de Diane via son compagnon, jusqu'à ce qu'elle ne le supporte plus.

Qui que ce soit, j'étais certain de réussir à en devenir un camarade indispensable. Zelig, le héros de Woody Allen, avait cette faculté de devenir noir au milieu des Noirs, chinois au milieu des Chinois et ainsi de suite. Mon superpouvoir était à peu près similaire, même s'il ne se traduisait pas par une transformation physique. Ma capacité était celle d'être l'ami parfait, de savoir anticiper les besoins des autres, de les écouter sans être collant, leur transmettre un message positif mais dépourvu de complaisance – tout cela en ayant l'air parfaitement désintéressé. Je savais adapter avec facilité mon niveau de culture et mes goûts selon mes interlocuteurs. Commentateur pertinent de Kubrick avec un critique cinéma, je pouvais me muer en fanatique de *Bienvenue chez les Ch'tis* avec un spectateur lambda.

Le lecteur sévère pourrait penser, en découvrant cette autodescription, qu'il y avait un je-ne-sais-quoi de pervers ou de manipulateur dans ma manière de faire. Rien n'était plus faux : cela me venait tout seul. C'est un des avatars des Juifs assimilés depuis plusieurs générations : on avait compris ce que l'on attendait de nous – et on le faisait bien. Y avait-il, pour une fois, un mal à tenter d'utiliser mon superpouvoir à des fins personnelles ? Je décidai que non. Il restait à savoir à qui j'avais affaire.

J'appelai l'amie qui m'avait renseigné sur l'existence de mon rival quelques semaines auparavant. Les gens aimaient tellement ragoter que je n'eus pas de difficultés à obtenir le nom du compagnon de Diane. Un peu de recherche sur Internet fit le reste.

Il s'appelait Richard Thomasson, 48 ans, directeur général d'Ecoplus, un des leaders de la transformation écologique (pour ce que j'en ai compris). Cet imbécile avait une fiche Wikipédia, ce qui me fit vite comprendre que la compétition allait être rude. Science po, puis une réussite fulgurante en entreprise : c'était de pire en pire. On trouvait même des conférences filmées, que je commençai à écouter pour m'imprégner du personnage. Je fis particulièrement attention à celle sur l'éthique :

« Le vingt-et-unième siècle sera éthique ou ne sera pas ! Chez Ecoplus, nous n'avons pas seulement inventé un "label éthique de vie entrepreneuriale" pour nos clients : nous nous l'appliquons à nous-mêmes. Les entreprises doivent comprendre que l'éthique n'est pas seulement une contrainte, mais une source de profit. Ce n'est pas contre l'éthique qu'elles se développeront, mais grâce et à travers elle !

Ce choix collectif, je l'ai éprouvé dans tout mon parcours individuel. Les jeunes loups arrivistes, sans colonne vertébrale ni point de vue moral, impressionnent au début. Ils disparaissent rapidement. À la fin, ceux qui restent sont les gentlemen, les vrais. Sans cette exigence, nous ne sommes rien. C'est à nous qu'il revient d'apporter notre morale dans notre travail. C'est difficile, mais si exaltant ! »

Traduction : le type était un chacal de la pire espèce. D'abord, cela me rassurait de le penser. Ensuite, seul un épouvantable escroc pouvait se gargariser ainsi de morale. Quelqu'un dont la vertu aurait été réelle saurait pertinemment qu'il n'y a pas lieu de s'en targuer. S'il le faisait, ce devait être parce que cela ne lui était pas naturel. Sans parler du fait que pour Thomasson, l'éthique n'était pas décrite comme une fin en soi, mais comme une source de bénéfice. J'étais soulagé : rien n'allait dans ce discours ; lui et moi étions à 180 degrés l'un de l'autre. Ma capacité à m'estimer supérieur était préservée.

Cela n'allait nullement m'empêcher d'accomplir ma mission, au contraire. Mon Richard, tu ne me connaissais pas encore que j'employais déjà le possessif à ton sujet. Pour toi, je serai un mystère, alors que je lisais déjà en toi comme dans un livre. Cela allait être si facile que je le savourais déjà. Diane était intelligente. Elle avait dû être attirée un temps par l'argent et le superficiel, mais cela ne durerait pas. Je ne lui en voulais pas, c'était bien naturel. Mais la personnalité vide de Richard allait mettre en lumière, avec la simplicité de l'évidence, ma prédominance intellectuelle et ma densité humaine.

Il ne restait plus qu'à provoquer le hasard afin de le rencontrer. J'étais déjà impatient.

11

« NOUS, artistes, sommes révoltés d'apprendre les conditions de travail régnant chez Metallotech. Travailleurs de la culture, nous sommes solidaires de nos compatriotes de l'industrie, qui exercent leurs missions dans les conditions les plus difficiles qui soient.

Une enquête récente nous a fait comprendre que nos collègues sont victimes de conditions de travail que nous avions cru abolies depuis la seconde moitié du XXe siècle. Nous ne pensions pas pouvoir l'écrire aujourd'hui, et pourtant, nous faisons face à ce constat simple et terrifiant : de nos jours, le travail tue encore et toujours.

Par une anomalie de notre époque, ce ne sont pas aux pouvoirs publics que nous devons cette révélation, qui aurait pourtant dû leur revenir. Cette vérité a pu être documentée uniquement grâce au travail d'un jeune journaliste, Patrick Quintana. Grâce à lui, les travailleurs meurtris de Metallotech, jusque-là cachés dans l'ombre, ont trouvé la lumière. Nous remercions Patrick pour le cadeau qu'il a fait à chacun d'entre nous et savons ce que nous lui devons.

Parce que nous n'acceptons pas que la vie de nos collègues soit considérée comme quantité négligeable.

Parce que nous n'acceptons pas que le Code du travail soit piétiné par ceux-là mêmes qui sont censés l'appliquer et le faire vivre. Parce que nous n'acceptons pas que, par une fatalité qui n'existe pas, les salariés dussent payer de leur chair le droit d'avoir un emploi. Enfin et surtout, parce que nous croyons au progrès, dans la culture et dans le travail, nous demandons au ministre des Affaires sociales la fermeture immédiate de Metallotech, le temps que des inspecteurs du travail puissent auditer la situation et donner des recommandations. »

La pétition parue dans *Le Monde* comportait 500 signatures. Quintana la lisait en fin de journée, entouré par l'équipe pédagogique de l'école de journalisme de Clermont-Ferrand. Il fallait un réel savoir-faire pour trouver la meilleure réaction à avoir devant autrui, en découvrant ce texte. Un des professeurs le lui avait tendue en lui demandant de la lire, entouré par une quinzaine de collègues.

Quintana était un expert lorsqu'il s'agissait de recevoir avec simplicité un compliment qui lui était fait en public. Cela aurait été moi, j'aurais adopté une attitude exagérément gonflée d'orgueil, précisément pour la tourner en ridicule. Lui était bien meilleur. Intérieurement, il jubilait, c'était évident. Trois actrices césarisées, en plus des 497 autres, venaient de le « remercier pour un cadeau ». Mais il appliquait la première règle que devait respecter celui que l'on trouve admirable : son visage demeurait impassible. On se serait cru au théâtre Nô : aucun sourire, aucune expression buccale, aucun mouvement de sourcil, rien. Quintana savait très bien que, dans ce genre de circonstances, tout mouvement pouvait être mal interprété ou prêter à critique. Moins on en faisait, plus on diminuait la probabilité de déplaire (voilà un *motto* que j'aurais mieux fait de retenir, mais c'est une autre histoire). Pour autant, une absence totale de réaction aurait été incongrue – il fallait tout de même qu'il dise quelque chose.

Avec un hiératisme confinant à l'ascèse, Quintana prononça d'un ton neutre : « cela va dans le bon sens » et reposa l'article sur la table devant lui – puis regarda ses anciens professeurs, sans rien dire, assumant un bref moment de silence. Ils se sentaient dès lors obligés de passer à autre chose en embrayant sur la suite des évènements. Chapeau l'artiste. C'était de cette façon qu'on parlait ensuite de vous en disant : « tu as vu comme il a su rester simple ». La petite assemblée terminait de *briefer* Quintana sur le programme de la soirée : la séance de questions-réponses avec les étudiants était prévue pour durer une heure, après quoi toute l'équipe emmènerait son invité dîner au *Bon Accueil*, le restaurant du palace local.

L'amphithéâtre de l'école était plein à craquer. Tous les étudiants étaient présents, ainsi que de nombreux invités extérieurs. Il se disait que le maire viendrait un peu plus tard – surtout pour le dîner. Quintana avait enlevé sa veste avant de pénétrer dans la vaste salle. Il apparaissait en chemise, les manches retroussées. Il avait une mince barbe de trois jours, pas suffisamment épaisse pour paraître négligée. Sa coiffure était légèrement ébouriffée, mais là aussi sans rien d'excessif. Il ressemblait, à peu de chose près, aux étudiants devant qui il allait parler.

La première question déclencha un grand rire dans l'assemblée : « Bonjour, Monsieur Quintana, pourriez-vous révéler les sources que vous avez utilisées pour mener votre enquête chez Metallotech ? » Quintana souriait. Intérieurement, il fulminait que la séance ait commencé sans qu'il en soit la vedette. Mais il fallait se montrer bon prince et participer de l'ambiance. Son visage redevint sérieux. Il allait reprendre la main :

– « Félicitations pour votre intégrité professionnelle – chacun a compris le second degré de votre interrogation. Vous touchez là une question fondamentale, à la fois très ancienne et très actuelle. Je vais vous révéler un scoop : oui, j'ai mes sources chez Metallotech. C'est mon bien le plus précieux. Ou plutôt : sacré. Le respect du lien entre moi, journaliste, et ma source, c'est l'alpha et l'oméga de notre profession. Tout commence et tout s'arrête ici. Comme la présomption d'innocence, le secret des sources est un élément indispensable à toute démocratie.

L'objectif de la source, c'est de pouvoir jouer son rôle d'alerte. L'objectif du journaliste, c'est de protéger la source pour lui permettre de rendre l'alerte publique. Entre eux deux, il y a donc une symbiose, qui est garantie par le secret. Mais attention, cela n'est possible que si le journaliste joue son rôle. Ainsi, toutes les informations données par la source doivent être précisées, recoupées, confirmées, contextualisées – en un mot, travaillées. C'est le journaliste qui peut être amené à répondre de son enquête, pas la source. Donc c'est à lui de prendre toutes les précautions nécessaires.

Alors on dit souvent : le journaliste est instrumentalisé par sa source. Mais bien sûr qu'il l'est. Tout journaliste digne de ce nom le sait. Mais peu importe, c'est la base nécessaire, indispensable, pour que le journaliste puisse faire son travail. Et je rappelle que ce travail est, par définition, d'intérêt public ! C'est la loi ! Plus précisément, l'article 2 de la loi sur la liberté de la presse : le secret des sources des journalistes est protégé dans l'exercice de leur mission d'information du public. Voilà notre guide.

Alors on comprendra que, comme tout journaliste, mes sources, je les chéris. Et j'emploie ce mot à dessein car il s'agit presque d'un lien amoureux. Mais à la vérité, c'est encore plus important que cela, parce que l'amour ça va, ça vient, mais ce qui unit le journaliste et sa source : c'est pour la vie. C'est un lien indélébile, indéfectible qui se crée. Encore aujourd'hui, j'entretiens des amitiés fortes avec ceux qui m'ont confié leur savoir. Si l'un en a besoin, l'autre accourt. Si vous ne deviez retenir qu'une seule chose de mon intervention parmi vous, mes pairs, ce soir, j'espère que ce sera celle-là. »

À l'issue de ce discours, un silence régnait dans la salle. Une personne se leva, lentement, puis deux, puis toutes. Un applaudissement isolé se fit entendre, se transformant rapidement en une salve nourrie. Une fois encore, Quintana savait recevoir à la perfection cette *standing ovation*. Le maire de la ville arriva à ce moment précis dans la salle, juste à temps pour joindre ses bravos à ceux de ses administrés. Quintana demeurait impassible et gardait une figure sérieuse, simulant une forme de colère froide : « Pourquoi m'acclamer, moi, là où je voudrais surtout que vous ayez été pénétrés de l'idée merveilleuse que je défends ? » Voilà ce qu'il donnait l'air de penser. Dans cet art, il était passé maître.

Un autre étudiant se leva :

– Monsieur Quintana, est-ce que toutes les enquêtes doivent être menées ? Est-ce que toutes les vérités doivent être révélées ?

– Cela dépend du contexte.

– Pouvez-vous nous en dire plus ?

– Cela dépend du contexte ! Bien sûr, je comprends votre question, et tout journaliste doit se la poser, mais en réalité, cela doit être apprécié au cas par cas, dans le creux de la conscience de chacun. En l'occurrence, lorsque l'information envisagée va dans le sens de l'intérêt public, des travailleurs, de la santé et de la sécurité de chacun, il n'y a pas de question à se poser !

Après quelques nouvelles salves d'applaudissements, Quintana terminait quelques minutes plus tard une potée auvergnate sur la chaleureuse banquette du *Bon Accueil*, à côté de Didier Morrand, maire de la ville. Le journaliste était méticuleux. D'ordinaire, il se renseignait sur les personnalités qu'il était amené à rencontrer. Trop occupé les jours qui avaient précédé son voyage à Clermont-Ferrand, il n'avait pas eu le temps de chercher des informations sur Morrand. Il le savait seulement socialiste – ce qui suffisait dans son esprit pour imaginer que le maire se trouverait en accord avec son travail sur Metallotech. Après tout, les socialistes étaient tout de même censés se soucier plus du sort des travailleurs, ceux que le livre de Quintana se donnait pour vocation d'aider, que des grands patrons. Et Morrand paraissait avoir une petite soixantaine d'années, ce qui le placerait de justesse dans la génération de ceux des socialistes pour qui les luttes sociales avaient encore du sens. Quintana commença donc à parler à Morrand, en s'assurant que le volume de sa voix serait suffisant pour que son interlocuteur entende, mais assez bas pour que cela demeure entre eux :

– Je crois que le succès de ce livre, disait-il en regardant son ouvrage dont un exemplaire était posé sur la table, c'est d'abord une réussite pour les travailleurs, qui peut faire naître un espoir collectif. Cela m'a fait très plaisir que vous y soyez sensible, car je sais que cela vous importe.

Morrand avait écouté attentivement et répondait par un large sourire à Quintana, lui faisant un clin d'œil. Le journaliste se sentait pousser des ailes. Son voisin de table serait assurément une *belle prise*, qui lui permettrait d'étendre son influence. Il embraya, en livrant tout ce qu'il pensait être les fondamentaux de la doctrine socialiste :

– L'argent qui corrompt, l'argent qui achète, l'argent qui écrase, l'argent qui ruine et l'argent qui pourrit jusqu'à la conscience des hommes… Vous avez connu Mitterrand ?

Morrand s'approchait de Quintana, toujours en conservant le même sourire, qui ne l'avait pas quitté depuis tout à l'heure. À bien y réfléchir, il souriait en réalité ainsi depuis le début de la soirée. Il parlait à voix basse au journaliste, en conservant son air pétillant et guilleret :

– Jeune ami, vous m'emmerdez. C'est votre seconde de gloire, bravo, mais cessez de me bassiner avec les travailleurs. Metallotech a un établissement juste à côté. Quand vous l'aurez fait fermer, c'est vous qui allez donner un emploi aux gens ? Non, ça, ce sera pour moi. Donc vous buvez votre champagne en souriant et vous laissez les grandes personnes gérer les problèmes, merci.

Quintana était statufié par le choc. Il en avait le souffle coupé. Il demeurait en sueur devant son mi-cuit, tandis que Morrand continuait de parler au reste de la tablée : « N'est-ce pas que c'est un excellent livre ? Je l'ai lu d'une traite ! » Il rentra à son hôtel aussi vite que possible.

Une fois revenue dans sa chambre, la star de la soirée prit l'exemplaire de son livre et en déchira frénétiquement les pages les unes après les autres. Il s'en voulait. Comment avait-il pu se montrer si stupide ? Pourquoi avoir cherché la conversation avec Morrand ? Il savait pourtant ne jamais devoir s'avancer de la sorte. Il s'était oublié en public et ne se le pardonnait pas. Il commença à fomenter sa vengeance. Quintana ouvrit son ordinateur et amorça un article. Il écrivait le titre : « Metallotech : les pouvoirs publics ferment les yeux sur le scandale. » Il se promit que la carrière de Morrand ne s'en remettrait pas. Il aurait sa tête en vingt-quatre heures.

Alors qu'il commençait le premier paragraphe, son portable sonna. Il lut le message : « Alors ce rooftop ? Ce n'est pas très chic de m'avoir oubliée. Que dois-je en déduire ? Claire. » Soudain, la pression retomba. Quintana ne pensait plus à Morrand. S'intéresser à sa nouvelle conquête lui paraissait désormais plus pertinent. En repensant à son mi-cuit, il regretta soudain de ne pas l'avoir terminé.

12

LA TÊTE D'ÉTIENNE apparut dans l'entrebâillement de la porte du bureau de Zebrowski : « Henri, il y a un plaignant qui cherche à m'expliquer quelque chose, je n'ai rien compris. Je n'ai plus le temps, viens me remplacer. » Zeb n'avait aucune raison objective à avancer pour se défiler, il allait devoir prendre la place de son collègue. Il déversa une bonne rasade de Martini dans un gobelet en plastique contenant un reste de café tiède, et avala le tout d'une gorgée, avant d'aller dans le bureau où était installé le plaignant. Il s'assit en regardant à peine la personne en face de lui. « C'est pour quoi ? »

« Je m'appelle Jean-Jacques Rentier et je viens pour un signalement. Je travaille au sein de la société Metallotech comme comptable, vous savez, l'entreprise dont on parle en ce moment ? Je viens ici informer des agissements de mon responsable, Stéphane Achouche. Je l'ai vu détourner certains virements pour les placer à son ordre. » Zeb sortait vaguement de sa torpeur et commençait à plisser les yeux pour mieux voir son interlocuteur. Rentier était un bonhomme tout à fait normal, la quarantaine à lunettes, en costume noir – le genre de personne dont il était impossible de se rappeler la physionomie.

Henri traitait mentalement les informations qu'il venait de recevoir et commençait à les comprendre. Il engagea la conversation comme il pouvait :

– On parle de combien ? demanda-t-il en secouant la tête pour rester éveillé.

– D'après mes calculs, entre 5000 et 10 000 euros.

L'information fit l'effet d'une claque sur la joue gauche de Zebrowski, qui, tout à coup, ouvrit grand les yeux et se mit à hurler : « C'EST TOUT ? Tu viens me réveiller pour 5000 balles ? Mais qui m'a donné un con pareil ? » Rentier prit peur et demeura silencieux, ne sachant quoi répondre. Henri sortit un formulaire de procès-verbal à remplir et un stylo. Il commença à écrire en râlant, l'air mauvais. Énervé, il ne cessait de raturer ce qu'il griffonnait.

– Et on peut savoir pourquoi Môôônsieur Rentier a décidé de venir rapporter les exactions de son collègue ? disait Zeb sans relever la tête.

– Mais enfin, répondit le comptable d'un air offusqué, j'estime que c'est mon devoir. Comme l'opinion est sensible en ce moment à ce qui se passe au sein de cette entreprise, j'ai pensé que je serais écouté en venant ici expliquer des faits qui sont délictueux et qui ternissent l'image de tout le service auquel j'appartiens. Cela ne vous intéresse pas ?

– Ah non.

– Pardon ?

– Non, vraiment pas. Rien que de vous écouter cinq secondes, j'en ai déjà ras le bol.

Rentier resta assis, stupéfait. « Écoute pépère, toi, tes faits délictueux et l'image de ton service, vous allez foutre le camp d'ici et fissa. Allez ! Du balai ! » Le plaignant protesta. Zeb le prit par le col et le jeta en dehors du bureau.

– Je me plaindrai ! hurla Rentier.
– Prends un numéro et patiente, ducon.

Un peu plus tard, dans le couloir, Zeb tomba sur Étienne :
– Alors, tu t'en es bien occupé, de mon gars ?
– T'inquiète, c'est réglé.

13

ECOPLUS avait son siège à Issy-les-Moulineaux, dans une espèce d'allée moderne sans âme où l'on retrouvait toutes les enseignes commerciales du moment. Il n'y avait pas de bistrot, au sens classique du terme, d'où l'on pouvait surveiller les entrées et les sorties. J'optai pour *Poké Star*, une sorte de fast-food japonais, qui était le mieux placé. Richard Thomasson, étant le directeur général de cette aimable organisation, devait sans doute arriver tôt le matin. Je m'étais donc réveillé à 6 heures pour pouvoir être en poste une heure plus tard. Cela n'avait pas manqué : il était arrivé à 7h55, un gobelet de jus d'orange à la main. Il était reparti des locaux vers 21 heures pour aller au parking.

Vu de l'extérieur, il n'avait rien de très imposant : roux, frisé, grand et mince, il donnait plutôt un sentiment de timidité contrôlée. Mon expérience me disait qu'il n'était pas un patron-né ni un leader de caractère. Ce devait plutôt être un cadre performant qu'une quelconque *holding* avait placé à la tête d'une filiale à succès, en pensant que cela ferait l'affaire. Mehdi, dans son genre, avait plus de compétences pour diriger une entreprise que ce Thomasson. Tant mieux.

Le lendemain, j'attendis dès 7h30 derrière le mur latéral du bâtiment d'Ecoplus. À 8h10, je vis

Thomasson arriver, toujours avec son gobelet à la main. Je calculai en quelques secondes la trajectoire exacte que je devais parcourir : il me fallait ne pas aller en ligne droite vers lui, mais m'assurer que nos chemins se croiseraient. C'était subtil. Mon pas devait être suffisamment rapide pour générer l'accident, mais sans que je coure comme un dératé – sinon j'allais faire une crise cardiaque (ma dernière course datait de 1987, c'était au lycée – passons). Je fermai les yeux pour trouver un peu de concentration.

Une dizaine de secondes plus tard, Thomasson me regarda l'air éberlué après avoir été aspergé de jus d'orange. Je jouai l'embarras à la perfection : « Quel imbécile je fais. Je vais vous offrir une nouvelle chemise. Venez, je vous paie un verre en attendant. » Il accepta tout de suite. Nous nous retrouvâmes l'un en face de l'autre une minute plus tard. Je lui offris un petit déjeuner royal pour me faire pardonner. Et je commençai la conversation : « Je me présente, je suis... » Je venais de me rendre compte que je n'avais pas même anticipé le fait qu'il risquait de reconnaître mon nom. On pouvait présumer que Diane, qui avait tout de même vécu douze ans avec moi, l'avait informé de mon existence. Je devais donc à la fois ne pas risquer de lui révéler qui j'étais (cela l'aurait fait fuir), mais ne pas lui mentir (tout cela devait me ramener vers Diane, pour finir). Je poursuivis « ... Daniel » – en présumant que mon nom de famille ne l'intéresserait pas. J'avais raison : il ne m'interrogea pas là-dessus.

Thomasson n'était pas très bavard au début, je devais faire les questions et les réponses tout seul. Je tentai plusieurs sujets pour identifier celui qui l'intéresserait. Rien ne prenait. Il ne s'étendait pas sur son travail, ni sur ses occupations. Désespéré, je lui proposai de l'inviter à dîner le soir même. Il me répondit alors « Désolé, je vais voir le AC contre le PSG ce soir, et je ne le raterai pour rien au monde. » Nous y étions ! Cet imbécile aimait le football. Je ne savais pas trop comment briller sur ce sujet dont, il fallait bien le dire, je n'avais jamais rien eu à saucer. Pour moi, le football était un funeste coup du sort qui intervenait à intervalle régulier afin d'empêcher les honnêtes citoyens (moi) de se déplacer dans Paris les soirs où l'on en avait le plus besoin. Je fis attention avant de prendre la parole, car il s'agissait d'un domaine avec des mots codés qui ne trompaient pas. Les noms des équipes comportaient, par exemple, la ville dont elle était issue, mais assortie de majuscules dont on ne savait jamais ce qu'elles voulaient dire (exemple : on ne dit pas « l'équipe de Milan » mais « l'AC Milan » – un détail que tout amateur connaissait). Je ne sais pas comment je réussis à enchaîner sur cette conversation : « Le football est responsable de l'un des plus grands traumatismes de mon existence. Le jour où Battiston a taclé Schumacher, pendant l'España 82, nous sommes toute une génération à ne pas nous en être remis. Depuis, j'attends le bon moment pour m'y intéresser à nouveau. » Miracle : ça a pris. « Vous vous rappelez cet épisode ? Et moi donc ! J'ai de la chance, ma compagne ne supporte pas. On dîne ensemble demain et on trouvera une occasion pour que je vous invite à voir un match un de ces jours ! »

J'aurais préféré passer vingt-quatre heures d'affilée ligoté chez mon dentiste plutôt que d'aller voir un match de football – de surcroît avec Thomasson. Je reconnaissais bien Diane dans le fait qu'elle ne supportait pas l'idée d'un tel spectacle. Mais il fallait garder à l'esprit le plan général et faire des sacrifices. Je montrai à mon nouvel ami à quel point je débordais de joie à l'idée des moments que nous nous apprêtions à passer ensemble autour de notre passion commune. Il est parti travailler la chemise toujours couverte de jus d'orange, mais heureux comme un pinson. En rentrant à mon cabinet, je commandai sur le chemin *L'Encyclopédie du Football*. Il allait falloir se mettre à niveau.

Le lendemain, je lui proposai d'aller dîner dans une grande brasserie du sixième arrondissement. Il convenait d'identifier avec le plus grand soin la conversation à tenir : lui faire passer un bon moment et lui donner suffisamment de conseils intelligents pour commencer à devenir indispensable. Je devais aussi penser à ce que j'allais dire de moi, en gardant à l'esprit que tout cela serait répété le moment venu à Diane. Je décidai dès le départ d'éviter l'alcool pour garder tous mes esprits.

En réalité, tout cela s'avéra plus facile que prévu. Une fois branché sur le football, Thomasson était un moulin à paroles. On aurait dit qu'il avait passé toute son existence à se retenir d'en parler et qu'enfin, avec moi, il pouvait. Il me bassina jusqu'au dessert à coups de noms d'équipes, et du penalty marqué par machin, après le corner de bidule et j'en passe. Devant un éclair au café, j'abordai nos vies conjugales. Il m'expliqua être divorcé d'une dame extraordinaire, Jeanne, qu'il avait rencontrée à Science po. Ils s'étaient mariés jeunes et avaient eu deux enfants rapidement. Après dix ans de mariage, elle avait voulu travailler, était devenue éducatrice périscolaire et l'avait quitté pour un autre. Il en parlait comme s'il ne s'en était jamais remis. En revanche, il avait été très difficile de lui faire parler de Diane. Il avait bien mentionné qu'il était « en couple » depuis un an avec « une femme remarquable », mais je n'avais pas senti chez lui de détermination particulière.

Surtout, il aborda les difficultés qu'il rencontrait dans son travail : il devait rendre des comptes à un comité exécutif sévère, mener une équipe qui n'avait pas l'air d'une efficacité redoutable, et composer avec des syndicats exigeants. Sur ces sujets, j'étais déjà beaucoup plus dans mon élément. Je lui prodiguai quelques préconisations discrètes (proposer un déjeuner avec son directeur financier avec lequel il ne s'entendait pas, trouver un meilleur système pour organiser son emploi du temps). Il paraissait intéressé, mais donnait surtout le sentiment de vouloir tout laisser tomber à la seconde. On était loin de l'image du *winner* qui ressortait de la page Wikipédia et des vidéos trouvées sur Internet. J'allais commencer par l'aider, pour qu'il ait besoin de moi, mais, attention, pas trop : il ne s'agissait tout de même pas de le remettre en selle. Il fallait qu'il demeure suffisamment bancal pour tomber quand je l'aurais décidé.

Ce dîner avait révélé un autre aspect positif : je n'avais pas eu à livrer quelque information personnelle que ce soit. En effet, fidèle à l'égoïsme ambiant, Thomasson se moquait éperdument de qui j'étais. Que j'aille bien ou mal, il n'en avait strictement rien à faire. Comme tout le monde, il voulait parler de son sujet préféré : lui-même. Et il lui paraissait tout à fait normal de pouvoir le faire sans entrave, avec un inconnu dont il présumait que cela le passionnerait – sans même faire semblant de s'intéresser à lui. Si l'on pariait sur l'égocentrisme d'autrui, on était gagnant dans cent pour cent des cas. Mais à ce point ? J'avais trouvé une perle rare.

Nous étions convenus de nous retrouver le samedi de la semaine suivante au parc des Princes. Thomasson avait pris deux billets, aux meilleures places – cela avait dû coûter une fortune, mais j'étais certain qu'il s'était arrangé pour faire passer cela pour des frais professionnels.

Je l'ai néanmoins chaleureusement remercié. Assez rapidement, j'étais incapable de suivre le match. Qui lançait la balle à qui ? Pourquoi ? Qui étaient les rouges et qui étaient les verts ? Au moment où j'avais l'impression de commencer à m'y retrouver, ils décidèrent de changer la place des équipes. Je regardais autour de moi pour être sûr de faire des « oh » et des « ha » aux bons moments. Parfois, j'improvisais auprès de Thomasson « tu as vu comme il l'a taclé ? » (on se tutoyait désormais). Je me suis même découvert un talent émérite à anticiper mon moment de faire ce que l'on appelait la « ola », passage de la soirée encore plus stupide que les autres où il fallait se lever en hurlant je ne sais quoi. Tout fonctionnait comme sur des roulettes.

En quittant le Parc, nous traversâmes la porte de Saint-Cloud, dans la détestable atmosphère avinée des fins de journées sportives. Je me disais que sitôt mon plan terminé, jamais plus je ne supporterais de me retrouver parmi cette foule hurlante d'idiots en écharpes multicolores. Il était certain que je n'y étais pas à ma place. Mais au milieu de quelle communauté l'aurais-je été ? Thomasson me proposa d'aller manger un hot-dog.

Pendant que j'essayais délicatement d'essuyer la moutarde que j'avais sur la moitié du visage, Thomasson commença à me poser des questions. Oui, j'étais comme lui, divorcé mais en couple depuis un an – c'est la version que je lui ai donnée. Il fallait improviser, je faisais au mieux : je ne voulais pas que Diane me pense célibataire. J'avais aussi une idée bien précise en lui expliquant que mon parcours était similaire au sien. Je pensais en effet à *Inception*, de Christopher Nolan avec Leonardo DiCaprio. Dans cet excellent film, le héros devait introduire une idée dans le cerveau de sa cible, mais sans que ce dernier se doute de l'opération. C'est ce que j'essayais de faire : nous étions tous deux du même âge, tous deux divorcés, tous deux en couple depuis un an. À quoi cela devait-il le faire penser ?

Bingo ! C'est arrivé quelques secondes plus tard, pendant que je finissais ma saucisse : « Il faudrait qu'on dîne tous les quatre ensemble, un de ces jours, moi, Diane, toi et ta compagne. Ça te dirait ? » Et comment ! Par pur esprit pervers, je fis la fine bouche : « Seulement si c'est moi qui invite. » Thomasson passa la fin du dîner à me remercier pour les conseils que je lui avais donnés la fois précédente, qui lui avaient réussi. Il insistait sur le fait qu'il en avait parlé à Diane. C'est à ce moment précis que le plan s'est accéléré quand il ajouta :

– Je lui ai dit : « Tu sais, j'ai rencontré un avocat très intelligent et intéressant, il faut que tu le voies. » Elle a trouvé tes conseils très pratiques et pleins de bon sens, me raconta-t-il plein d'exaltation.

– Ne dis pas de bêtises, c'est trop. C'est mon métier de donner des conseils, je n'ai aucun mérite.

– Mais au fait, où exerces-tu ? Je me rends compte que je ne connais même pas ton nom de famille.

– J'ai mon propre cabinet. Je m'appelle Schwartz. Daniel Schwartz, dis-je l'air de rien, en attaquant mon café.

Il resta interdit devant moi quelques secondes :

– Mais attends, tu es l'ancien mari de Diane ?

– Oui, c'est juste. Pourquoi, tu la connais ?

– Mais... C'est ma compagne dont je te parle depuis tout à l'heure !

Attention, il est extrêmement difficile de feindre la surprise. Je regardai son visage et essayai de reproduire ses expressions à l'identique. Je haussai les sourcils très fortement, formai un demi-sourire (la situation avait l'air de l'amuser, profitons-en) et ouvris petit à petit la bouche. Puis il rit et donc, moi avec. Nous convînmes ensuite que tout de même, c'était une coïncidence effarante, mais que non, cela ne changerait rien. Diane était en couple avec lui, moi avec une autre. Tout cela était ancien et nous étions tous adultes. On n'allait pas s'empêcher de dîner tous ensemble pour cela.

Surtout pas.

Le lendemain soir, chez moi, je cherchais un film pour me donner du courage. Mon souhait particulier était de voir des soldats alliés occire des nazis. Il y avait une raison précise à cela : les films de guerre nous rappellent que, même dans les situations les plus désespérées, tout le monde peut réussir à résoudre les pires problèmes, avec du courage et de l'ingéniosité. Par exemple, on comprenait comment l'astuce d'un ingénieur dans la construction des bombes pouvait venir à bout de barrages soi-disant imprenables (*The Damn Busters*), ou comment le sens de l'organisation permettait une évasion prétendument impossible (*The Great Escape*). Surtout, les films de guerre rebattaient les cartes sur la question de l'héroïsme. Lorsque la situation était critique, les leaders n'étaient pas ceux que la société avait valorisés avant la guerre. C'était même le contraire. Il fallait s'en remettre aux condamnés à mort, souvent à la pire vermine, pour faire le travail. *The Dirty Dozen*, en cela, était sans doute mon film de guerre préféré, peut-être même mon film préféré tout court.

Avant de le revoir pour la centième fois, je me laissai distraire par *Le Célibataire*, l'émission la plus grotesque qu'il m'ait été donné de visionner. Un candidat devait choisir entre dix femmes, après en avoir embrassé la quasi-totalité et couché avec la moitié. Ces gens se posaient des questions d'un autre monde : « J'aime Johanna parce qu'elle est très athlétique, mais je suis aussi attiré par Sandrine parce qu'elle a les valeurs. » Les bras m'en tombaient. Tout à coup, je reçus un message :

> « Il semblerait que le hasard nous réunisse à nouveau. Je n'y vois aucun inconvénient et serais ravie de faire la connaissance de ta compagne. À bientôt, donc. Diane. »

« Aucun inconvénient » : cela me suffirait pour ce soir. La première partie de mon plan était une réussite, c'était tout ce qui comptait. Je ne savais pas ce que m'apporterait l'avenir, mais j'avais retrouvé un sentiment oublié depuis longtemps, un parfum sucré autant qu'empoisonné : l'espoir. Il fallait en profiter le temps que cela durerait, avant que la réalité ne reprenne ses droits et que l'échec s'annonce.

J'oubliai *The Dirty Dozen*. Je préparai des disques à écouter en entier. J'allumai une cigarette. Je voulais que la nuit dure aussi longtemps que possible.

14

QUINTANA devait se soumettre, pour un grand magazine hebdomadaire, au questionnaire de Pivot. Il était ravi qu'on le lui propose, mais en même temps cela l'angoissait, car il allait falloir apporter des réponses. Ce faisant, il prenait le risque de déplaire.

Il ne savait pas où tout cela l'emmènerait, mais il avait au moins une certitude : il voulait être riche, célèbre et admiré par le plus grand nombre. Depuis son adolescence, il avait réfléchi au meilleur moyen d'y parvenir. En gros, tout se résumait selon lui à un choix fondamental : cliver, ou faire consensus ? C'était les deux stratégies possibles. En analysant les parcours de toutes les personnes ayant acquis de la notoriété et devenues les références dans leurs domaines, il en était arrivé à la conclusion qu'il fallait savoir, sur certains sujets, effectuer des choix radicaux, pour s'assurer le soutien de la partie la plus extrémiste des personnes à qui l'on s'adresse. Sur d'autres questions, en revanche, il était nécessaire d'adopter la position du plus grand nombre.

En s'engageant dans son travail sur Metallotech, Quintana avait clairement décidé de devenir célèbre en s'assurant le soutien des ouvriers et employés d'une grande entreprise. Ce choix ne devait rien au hasard.

Il avait appliqué sur ce sujet la stratégie du clivage. En revanche, après mûre réflexion, il avait estimé que ses réponses au questionnaire de Pivot devaient se montrer les plus plates possible, afin de ne heurter personne. Le plus important était qu'il ait été sélectionné pour y répondre, pas la teneur de ses répliques.

Ainsi, il répondit dans les termes suivants :

« 1 – Votre mot préféré ?
Amour.
2 – Le mot que vous détestez ?
Haine.
3 – Votre drogue favorite ?
Le chocolat chaud.
4 – Le son, le bruit que vous aimez ?
Les vagues sur les rochers.
5 – Le son, le bruit que vous détestez ?
Les pleurs des enfants.
6 – Votre juron, gros mot ou blasphème favori ?
Bordel de merde.
7 – Homme ou femme pour illustrer un nouveau billet de banque ?
Jacques Brel.
8 – Le métier que vous n'auriez pas aimé faire ?
Tourneur chez Metallotech.
9 – La plante, l'arbre ou l'animal dans lequel vous aimeriez être réincarné ?
Un platane.
10 – Si Dieu existe, qu'aimeriez-vous, après votre mort, l'entendre vous dire à vous, Patrick Quintana ?
Bienvenue. »

Après avoir adressé son mail, Quintana avait des remords. Il se demandait si le fait d'avoir répondu « amour » pour son mot préféré n'avait pas été excessif.

Est-ce que les lecteurs du magazine goberaient une bêtise pareille ? Et puis, il se rassurait. Mais oui, ils goberaient. Vu le reste du journal, ils ne verraient pas la différence.

15

« CHER MONSIEUR, je sais vous avoir rudoyé lors de la manifestation à laquelle vous participiez voici deux semaines place de la République. Il m'a été remonté que vous aviez souffert de cette circonstance, dans votre corps mais aussi dans votre âme. Cela m'a conduit à réfléchir sur le sens de mes actes et leurs conséquences, à la fois en tant qu'homme et en tant qu'officier de police judiciaire.

À l'issue de cette réflexion, je tiens à vous indiquer que je regrette vraiment mon acte et vous prie, très sincèrement, de bien vouloir m'en excuser. Jamais je n'aurais dû vous pousser vers le sol ainsi que je l'ai fait. J'aurais plutôt dû prendre votre pancarte et vous l'enfoncer bien profond, pour vous apprendre à dire autant de conneries. Bien cordialement. Henri Zebrowski. »

Gilles se mit à froisser la lettre dans un geste nerveux et chercha autour de lui un objet sur lequel il pourrait passer ses nerfs. Zeb avait pris l'initiative d'adresser sa lettre manuscrite au manifestant sans demander de validation préalable ; il n'en avait laissé à Gilles qu'une photocopie. Il était désormais trop tard pour empêcher le désastre.

Henri ne savait pas qu'une pétition le concernant circulait depuis plusieurs jours au sein du service, demandant sa mutation sans délai. La quasi-totalité de ses collègues l'avait signée, mais pas Gilles, en tout cas pas encore. En terminant de lire la missive de Zeb, il s'interrogeait cette fois sérieusement. En bon manager, Gilles répugnait à prendre une quelconque initiative qui pourrait avoir un impact négatif sur un membre de son service, y compris le pire d'entre eux.

Mais il était si excédé qu'il était sur le point de faire une exception à ses principes. Il écrasa successivement deux crayons à papier, jusqu'à ce que les mines en soient pulvérisées. Puis il reprit le texte de la pétition, qui circulait depuis trois jours et était sur son bureau depuis vingt-quatre heures. Zebrowski y était qualifié de « parasite inadapté à la communauté de travail », qui « empêche l'administration de se concentrer sur les problèmes de nos concitoyens » et « contribue à la mauvaise image des forces de l'ordre ». Gilles était sur le point d'apposer sa signature, mais il hésitait. Il y avait quelque chose, il ne savait pas quoi, qu'il n'aimait pas. Il n'identifiait pas si c'était le principe de la démarche, ou un mot dans le texte, mais pour lui : ça puait.

Il décida d'écrire à l'IGS, selon la voie normale, pour les alerter sur ce nouveau dysfonctionnement de la part de Zeb – et aussi de lui écrire par SMS : « Henri. Tu es con, mais con ! Mais qu'est-ce qui t'a pris d'écrire au manifestant de cette façon ? »

Au même moment, celui-ci était loin de regarder son portable. Accoudé au bar d'un boui-boui du vingtième arrondissement, Henri racontait des histoires aux autres clients. Arrivé à son cinquième verre, il avait du mal à tenir debout et quittait l'endroit en titubant. Il ne vit pas le pied que Dédé plaça devant son tibia et tomba sur le pavé face contre terre. Sans relever la tête, il entendit cette voix qu'il connaissait bien :

« On est lundi. Le Financier n'est pas content, Zeb. On est désolés mais on va devoir te laisser un souvenir cette fois. Rassure-toi, on ne va pas faire date, ce sera juste un souvenir. Tu as intérêt à te mettre d'équerre pour la fin de semaine. Allez-y, les gars. »

Lorsque les acolytes de Dédé se mirent à le rouer de coups, Henri essaya, pour diminuer la douleur, de s'imaginer que c'était Montserrat qui tentait de le réveiller. Après cinq minutes ininterrompues, il se retourna, allongé sur le dos, le visage en sang : « Vous n'auriez pas des coquillettes ? » Les trois se regardèrent sans comprendre, puis s'en allèrent. Zeb continua de murmurer « des coquillettes », en rampant sur le sol. C'était un jour comme les autres dans la vie de Henri Zebrowski.

Partie II

1

LE JOURNAL intime de Quintana contenait des passages très instructifs. Le meilleur moyen de décrire son état d'esprit à ce stade est d'en reproduire la teneur :

« Comment prospérer sur les ruines de Metallotech ? J'identifie trois moyens possibles. Le premier consisterait à créer "l'association des salariés de Metallotech". Cela permettrait de mettre en place un collectif dont je serais l'inspirateur, qui pourrait engager des actions en justice et dont je serais le porte-parole. Avantages : soutien financier pendant une durée prévisible d'environ un an (à combien fixer les cotisations ?) ; présence médiatique possible grâce aux procédures judiciaires ; possibilité de faire du marketing à mon effigie (T-shirts, crayons) ; possibilité ensuite de faire évoluer l'association en fonction de la suite de mes travaux. Inconvénients : lourdeur du processus ; nécessité de s'y impliquer dans le détail ; obligation de parler aux gens, surtout aux ouvriers ; risque qu'ils soient insolvables et que les cotisations se réduisent à trop peu.

À première vue, les risques l'emportent sur les gains potentiels.

La deuxième possibilité serait de fonder un groupe informel type "bonnet rouge" ou "gilet jaune", adoptant une doctrine plus ou moins insurrectionnelle, dont je serais le leader. Il faudrait accompagner le mouvement d'un langage particulier. Ma première idée serait de les appeler "les ouvriers résistants". Avantage : forte visibilité médiatique potentielle ; absence de nécessité de constituer une idéologie, capitaliser sur l'imaginaire lié à la Seconde Guerre mondiale en assimilant les manifestants à la Résistance ; possibilité d'un livre supplémentaire sur l'expérience qu'aura donnée la constitution du groupe. Inconvénients : risque d'être poursuivi si des ouvriers résistants détruisent quelque chose ou blessent quelqu'un ; très forte implication requise pour démarrer le mouvement, en espérant qu'il fonctionne ensuite tout seul ; très faible potentiel financier immédiat.

Là, les risques sont excessifs. Si l'idée est bonne, je ne me sens pas capable de la mettre en pratique.

La troisième possibilité consisterait à focaliser le débat public sur un mot unique. C'est plus subtil que les deux projets précédents. Je pars de l'observation que, dans la plupart des cas, un évènement marque les esprits s'il est résumable en un seul terme. On peut différencier deux types de faits de société. Les premiers concernent les meurtres ou les histoires sordides. Dans ce cas, l'affaire porte le nom de la victime (l'affaire Grégory) ou du meurtrier (l'affaire Guy George), le cas échéant du lieu quand il n'y a ni l'un ni l'autre (l'affaire d'Outreau). On ne peut pas profiter de ces histoires-là si l'on n'en est pas l'un des protagonistes au départ.

En revanche, la seconde catégorie de faits de société met en jeu des questions d'ordre collectif, dans lesquelles une partie de la population peut s'identifier. Tout l'objectif consiste à trouver le mot qui permettra cette identification. Celui-ci doit représenter les membres de la communauté concernée. Ce peut être un groupe de personnes uni par toutes sortes de choses : une appartenance au même sexe, à la même religion, à la même nationalité, ou autre.

Les plus favorisés en cette matière sont bien évidemment les Juifs. En effet, ils bénéficient de longue date d'un mot à eux, qui leur permet de désigner ceux qui leur veulent du mal : antisémitisme. Et ce terme-là délimite un strict domaine réservé, insusceptible d'appropriation par toute autre communauté. Cela n'a pas de prix.

C'est notamment pour cela que le monde envie les Juifs. Tous les autres groupes en sont réduits à devoir utiliser le seul terme de "discrimination" là où les Juifs sont les seuls à avoir un mot dont ils sont propriétaires. C'est comme demander à un million de gens de s'entasser dans un HLM, pendant que trois Juifs se pavanent à côté dans un palace. Non, chaque communauté devrait avoir droit à son mot, qui aurait le même impact que "antisémitisme".

Pour qu'un tel mot fonctionne et allume une mèche dans l'inconscient collectif, je vois deux possibilités. La première serait de trouver un terme à connotation scientifique, cela afin de donner un sentiment de crédibilité immédiate aux yeux du public. Il ne faut pas se référer aux sciences dures, ce serait trop compliqué, mais trouver quelque chose d'approchant : "grossophobie", par exemple, c'est bien trouvé. Je ne sais pas qui a inventé le mot mais c'est le genre de chose dont il faudrait que je m'inspire.

Ou alors, la seconde possibilité serait la référence à la Seconde Guerre mondiale ou, mieux, à la Shoah. J'ai remarqué que l'adjonction du suffixe "cide", par exemple, donne de sérieuses garanties que le terme soit retenu par les auditeurs. Quand on utilise ces quatre petites lettres, cela permet de dénoncer des meurtres de masse. Mais pas seulement ! Quand on les entend, chacun a en tête, même sans s'en rendre compte, la notion de génocide. Si le terme désigne la destruction d'un groupe tout entier, l'évocation de ce mot faisait surtout penser, inévitablement, AU génocide, c'est-à-dire celui ayant frappé les Juifs. J'en déduis qu'en ajoutant le suffixe "cide" à un mot désignant un fait de société, on peut ainsi, implicitement mais nécessairement, suggérer que le fait en question n'est pas seulement important : il l'est au point de devoir être comparé au génocide des Juifs par les nazis. C'est le pari réussi des personnes qui ont inventé les termes de "féminicide" ou de "francocide".

Certains naïfs pourraient croire que ces néologismes auraient emprunté le suffixe "cide" au mot "homicide" et pas à celui de "génocide". Il s'agit évidemment d'une gigantesque erreur. Ce flou est d'ailleurs intentionnel, car il permet aux utilisateurs de nier toute référence volontaire de leur part à la Shoah – alors qu'évidemment, ils ne pensent qu'à cela.

Ainsi, mon objectif pourrait être de donner aux ouvriers leur "cide" à eux, ce qui revient à évoquer, la prochaine fois que j'en aurai la possibilité, le terme d'ouvriocide. Ça coche toutes les cases. Ça peut marcher. »

Une semaine après que Quintana eut écrit ces quelques lignes dans son journal, la fameuse émission *Investiguons !* du service public diffusait un reportage intitulé *Le travail tue*, comportant de nombreux témoignages sur les accidents du travail.

L'enquête mettait en scène Benoît, jeune journaliste mal rasé, contactant diverses personnalités s'exprimant sur Metallotech. Ainsi, on le voyait avec son téléphone portable, cherchant à appeler le président de l'entreprise, Arnaud de Lancereau :

– Metallotech j'écoute ?

– Bonjour Madame, c'est France Télévisions à l'appareil, je souhaiterais parler à M. de Lancereau, le président de votre société.

– Qui ça ?

Benoît se tournait alors face caméra et prenait un air grave pour dire : « Monsieur de Lancereau n'a jamais voulu répondre à notre appel. » Désireux de mieux comprendre, Benoît appelait Quintana qui, lui, répondait. Le reportage les mettait en scène alors qu'ils se retrouvaient dans un sympathique café du onzième arrondissement. Quintana y tenait une place de choix parmi les experts interviewés dans le reportage, y livrant avec simplicité et clarté le détail de son enquête. On voyait des plans de coupe pendant lesquels Benoît hochait la tête, le regard concentré et concerné. Lui était un très mauvais acteur : toutes ses interventions sonnaient faux. En revanche, Quintana était d'un naturel déconcertant, simple dans ses expressions et fluide dans sa diction. C'est dans cette interview que Quintana lâcha le terme « d'ouvriocide », l'air de rien, comme s'il s'agissait d'un mot banal.

Il était également l'invité principal du débat qui suivait la diffusion du reportage. Il y avait des représentants du patronat, des organisations syndicales, de la majorité présidentielle et de l'opposition. Mais personne n'avait à aucun moment remis en cause l'expertise de Quintana, pas même les dirigeants d'entreprise présents sur le plateau, cela, alors que le journaliste ne les avait pas ménagés. Il avait réussi cet exercice si délicat et rare : faire *consensus*. Dans la discussion, plusieurs de ses interlocuteurs, y compris des patrons, avaient adopté le terme « d'ouvriocide » qu'ils venaient d'entendre dans le reportage.

Son livre lui avait offert une notoriété réelle et en un minimum de temps. Mais le phénomène s'était accéléré avec une vitesse déroutante grâce à l'invention de ce terme. Dès le lendemain de la diffusion d'*Investiguons!* il était allé boire un café à la terrasse d'un bistrot du sixième arrondissement, juste pour vérifier qu'il serait reconnu par des passants. Passé cinq minutes, un ou deux inconnus lui faisaient déjà des sourires : il était rapidement rassuré.

C'était le moment de réfléchir à Claire. Il n'avait pas répondu à son message depuis plusieurs jours, cela volontairement pour la faire mariner. Il était temps désormais de ramasser les fruits de la notoriété qu'il avait engrangée. En cette matière, Quintana appliquait sa philosophie habituelle : moins on en disait, mieux c'était. La meilleure manière de séduire était encore de s'exprimer peu pour laisser son interlocutrice s'imaginer... il ne savait pas bien quoi, mais en tout état de cause ce qu'elle voulait. Il lui écrivit : « Paris Chic Rooftop, mardi 20 h».

Quintana était extraordinaire à maints égards, mais l'une de ses caractéristiques les plus frappantes était qu'à aucun moment dans la journée, il ne se remémorait les meurtres qu'il avait commis. Non pas qu'il les occultait, d'ailleurs : simplement, cela ne lui venait pas à l'esprit. Il n'en éprouvait ni remords, ni culpabilité – et n'appréhendait nullement d'être arrêté. Il était certain que personne ne le soupçonnerait jamais – et il avait d'ailleurs bien eu raison jusque-là.

Tout cela ne le travaillait pas. Il ne planifiait pas ses homicides longtemps à l'avance. La plupart du temps, c'étaient les circonstances qui lui permettaient de s'adonner à son passe-temps : ici un postier, une autre fois un clochard. Il prenait les gens comme ils étaient, d'où qu'ils soient venus, pourvu que la conjoncture eût été propice. En tout, il avait dû tuer cinq ou six personnes, il ne se rappelait plus le nombre exact. Il était seulement certain des trois derniers, car cela correspondait à l'époque où il avait commencé à noter toute son existence dans son journal. Quintana était d'ailleurs bien conscient de la dangerosité de tenir à jour un tel document, rédigé de sa main. Lui qui était si prudent savait que cela n'était pas raisonnable. Mais enfin : il fallait bien se confier à quelqu'un.

Ainsi, une lecture de son journal démontrait qu'il savait que quelque chose chez lui n'était pas tout à fait normal. La plupart des passages y étaient rédigés dans le style pompeux et insupportable avec lequel s'exprimait sa personnalité meurtrière. Il s'agissait d'ailleurs là probablement de sa pensée sincère. La simplicité qu'il donnait à voir avec tant de talent était le fruit d'un travail permanent, qui lui pesait et engendrait la nécessité de se raconter sur le papier. Pour autant, en dépit de la fatigue que cela lui procurait, Quintana estimait que ses deux personnalités coexistaient en harmonie. Il voyait sa situation, certes, comme originale, mais pas désagréable. Il ne lui serait jamais venu à l'esprit de s'intéresser aux raisons qui l'avaient conduit à être ainsi fait. Pourquoi se consacrer au passé alors que les perspectives étaient si lumineuses ?

Cela était d'autant plus vrai que l'avenir se manifesta en un rapide message de Claire : « ok avec plaisir ». Quintana avait été certain qu'elle répondrait vite et cela n'avait pas manqué. Il restait à savoir ce qu'il ferait d'elle le moment venu.

Il se leva et marcha quelques mètres, pour profiter du moment. Certains passants lui faisaient des sourires, signe de reconnaissance qui l'emplissait de bonheur. Alors qu'il continuait sa promenade, un gros moustachu l'aborda et commença à lui parler en lui prenant le bras. « Merci pour ce que vous faites, moi aussi, je suis ouvrier. J'ai pas lu votre livre mais je vous ai vu à la télé. Heureusement que vous êtes là. » Quintana lui répondit par un sourire muet. S'il y a bien une chose qu'il avait en horreur, c'était qu'un inconnu le touche. Mais le bonhomme ne le lâchait pas. Il commença à lui raconter ses expériences de chaudronnier, puis de tourneur, dans une série d'anecdotes décousues et difficilement compréhensibles. Le moustachu semblait convaincu que Quintana le comprendrait, compte tenu de l'expérience qu'il était censé avoir du milieu industriel. Mais le journaliste n'y entendait rien du tout – et n'avait aucune envie de s'y intéresser. Plus l'autre parlait, plus il ressentait des picotements d'impatience partout dans le corps. Excédé, Quintana murmura à son interlocuteur, dans une colère froide : « Lâche-moi tout de suite ou je hurle au viol. C'est clair ? » Stupéfait, le moustachu lâcha son emprise et demeura bouche bée en voyant Quintana partir.

Le même soir, sur le site internet d'un grand quotidien, Roland Trauner, célèbre professeur de sociologie du travail, faisait paraître une tribune à succès : « L'ouvriocide, une menace toujours persistante pour les travailleurs ». Sur les chaînes d'information continue, une meute de spécialistes se relayaient toute la semaine pour discourir devant le bandeau inscrit en permanence : « Les ouvriocides : jusqu'à quand ? » En regardant l'écran, Quintana pensait en lui-même : « Jusqu'à quand ? Mais pour toujours. L'essentiel est que ça ne s'arrête jamais. »

2

GILLES avait contacté Henri à midi, pour lui ordonner de se rendre immédiatement dans un petit pavillon situé à Montigny-le-Bretonneux. Zeb avait vu le message à son réveil, deux heures plus tard. Depuis qu'il s'était fait passer à tabac, il dormait encore plus longtemps qu'avant. Il n'avait pas trop de séquelles physiques, à part un pansement sur le front, mais en revanche, il demeurait fatigué et morne. Il avait réussi, en détroussant quelques voyous, à réunir 19 000 euros à peu près. Il espérait que cela pourrait calmer le Financier pour un temps, mais demeurait inquiet. Pour la première fois de son existence, Henri était obligé de penser au lendemain – et cela générait chez lui de l'anxiété.

Il arriva devant le pavillon, qui était encerclé de voitures de police et d'officiers. Il pénétra à l'intérieur. Comme à chaque fois qu'il entrait quelque part où se trouvaient des collègues, plusieurs d'entre eux se mirent à applaudir. Lorsqu'il arriva devant la porte du salon, au rez-de-chaussée, Gilles était devant, face à lui, qui lui barrait l'entrée et la vue. Ce dernier se mit à déclamer en levant le doigt : « Chers collègues, nous attendions tous l'arrivée de notre ami Henri ! Pour Henri : tapez dans vos mains ! Surprise !! » Puis Gilles se tourna de profil pour laisser Zeb voir l'intérieur du salon, où se trouvait, au milieu de la pièce, un cadavre démembré, en décomposition avancée. Henri manqua de s'évanouir et de vomir ; il plaça instantanément sa main sur sa bouche. Gilles continua en tapotant l'épaule du nouvel arrivé : « C'est cadeau, ça nous fait plaisir. Non vraiment, ne nous remercie pas. On est comme ça chez nous : généreux. Glamour. »

Zeb alla s'asseoir dans un fauteuil du salon pour reprendre ses esprits. Ses collègues s'affairaient autour à prendre des photographies et relever les empreintes. Chacun y allait de son commentaire en passant devant le cadavre : « Il est allé au concert de M Pokora, tu vois le résultat », « Gilles, on a retrouvé ta mère, tu peux la reprendre ? », « Ça se revend sur Internet ou pas ? On partage ? » Vers 17 heures, Jeannette, inspectrice scientifique, mit du rap sur son portable et commença à *twerker* devant le cadavre pendant que ses collègues tapaient en rythme dans leur main. Comme les médecins, les policiers, eux aussi, avaient besoin de décompresser.

Zeb retrouvait sa tête. Il se leva, alla voir Gilles pour lui demander de lui expliquer ce qu'il en était. Ce dernier cessa de taper dans ses mains et emmena Henri dans la cuisine :

– Notre ami s'appelle Yves Radier. Il avait 59 ans, tourneur fraiseur chez Metallotech, tu sais, l'entreprise de sidérurgie dont on parle tout le temps en ce moment. Le type était un syndicaliste actif, un des plus importants de la boîte. Marié, un enfant qui fait des études en Espagne. Radier avait disparu depuis plusieurs jours. Sa femme avait déjà contacté la maison, mais personne ne l'a retrouvé. Et puis l'épouse est allée faire des courses ce matin et quand elle rentrée chez elle, elle l'a trouvé dans son salon, on ne sait pas comment il est arrivé là, il n'y a pas de trace d'effraction. À l'évidence, il a été tué ailleurs, mais on ignore où. Pour le moment, on a trouvé aucune empreinte, si ce ne sont les siennes et celles de sa femme.

– Tu penses que ça a un rapport avec tout ce qu'on entend dire sur Metallotech en ce moment ?

– Aucun, ça, j'en suis sûr, affirma Gilles de manière définitive. Radier était un ouvrier, il n'avait rien à voir avec les huiles du dessus. C'est autre chose, je n'ai aucun doute. Peut-être que c'est l'amant de sa femme ou quelque chose comme ça.

– Tout de même, moi, je trouve qu'un scandale et un meurtre qui arrivent en même temps, c'est pas un hasard.

– Henri, qu'est-ce que tu viens encore nous emmerder ? Je te dis que ces deux choses-là n'ont rien à voir entre elles. Bon, tu me fais une belle investigation, tu nous trouves le coupable en vingt-quatre heures, on te colle ça au trou dans la foulée et on rentre tous à temps pour regarder les infos, OK ?

Henri lança un regard de reproche à Gilles, puis se mit en tête de fouiller la maison. Il y avait peut-être un peu de liquide quelque part, que ses collègues n'avaient pas encore trouvé – ce qui ne l'étonnerait pas car, selon son expression, ils s'y prenaient comme des tanches. L'idée de Zeb était d'attendre que tous ses camarades soient partis pour rester seul dans la maison, ce qui non seulement donnerait l'impression qu'il se tuait à la tâche, mais surtout pourrait résoudre ses problèmes avec le Financier.

Vers 19 heures, Zeb commençait à être tranquille, les derniers officiers présents étaient sur le départ. Il monta l'escalier pour aller dans la chambre, ouvrit les tiroirs les uns après les autres, regarda le moindre recoin à l'intérieur, puis derrière, à chaque étage. Dans la chambre, chacun des époux avait une petite commode près de lui.

Il alla vers ce qu'il présumait être le côté de l'épouse. Il y trouva un album de famille. Elle figurait sur de nombreuses photos de vacances, à côté de Radier. Zeb souriait. « L'amant de sa femme ? Mais ça faisait déjà dix ans qu'on aurait dit une vieille mamie décrépite. » Il ne croyait pas une seconde que le meurtre ait pu reposer sur quoi que ce soit de passionnel. Puis il trouva une petite enveloppe avec 4000 euros à l'intérieur. « Madame Radier, merci », dit Zeb à voix haute.

Dans la table de nuit de l'époux, il trouva son carnet de numéros de téléphone. Voilà bien quelque chose sur lequel il n'espérait pas tomber. Les gens ne tenaient plus à jour ce type d'annuaire, les téléphones portables ayant rendu tout cela obsolète. Mais Radier avait 59 ans. Il en était resté à des outils d'un autre âge. Zeb tourna les pages pour voir s'il reconnaîtrait quelqu'un. C'était essentiellement une suite de prénoms. La lettre J était celle qui était la mieux pourvue, grâce à deux « Johnny » et un « Jordan ». Henri releva un « Patrick », qui avait eu plusieurs numéros de téléphone successifs, ce dont le policier déduisit qu'il devait s'agir d'une vieille connaissance. De toute façon, il allait falloir voir toutes les personnes mentionnées dans le carnet, sans exception. Quelque chose se mettait en route, auquel la planète Terre n'avait pas assisté depuis un certain temps : Henri, au travail. Cela étant, il ne le vivait pas comme tel. Quelque chose l'énervait dans cette histoire, il ne savait pas quoi, mais il avait envie de le découvrir.

Vers 23 heures, Zeb, toujours chez les Radier, se prépara un sandwich. Heureusement, ses collègues avaient emmené le corps, de sorte que l'air était un peu plus respirable. Il appela le Financier et lui proposa de passer. Vingt minutes plus tard : celui-ci, flanqué de Dédé et de ses deux compères, entrait dans le pavillon des Radier. Henri les accueillit et remit une enveloppe à Dédé pendant que Choukroune s'assit sur un fauteuil au milieu de la pièce :

– Ça pue fort, très fort, ici, mon ami, commença le Financier, mais enfin tu sais que je suis toujours heureux de te voir. Je sens que tu m'en veux pour l'autre jour et ça, ça me blesse. Tu sais, j'avais dit à Dédé, « ne lui fais pas de mal, caresse-le ». Parce que je ne voulais pas qu'il t'arrive malheur. Alors quand tu me fais sentir que tu es triste, j'ai l'impression que tu veux me culpabiliser. Je le prends mal.

– Frank, commença Henri en parlant de manière claire et affirmée, désolé pour l'odeur. Il y a encore quelques heures, un cadavre était ici, juste là où je suis, On reçoit où on peut. Je ne t'en veux pas du tout. C'est du business. Tu m'as laissé un souvenir, c'est normal. Et moi aussi, je t'ai laissé un souvenir ce soir, que Dédé est en train de compter derrière toi. Il y a 24 000. Je sais qu'il en manque, mais je voulais te montrer que je pensais à toi et te prouver qu'avec quelques jours de plus, tout ira bien.

– Dédé, je vais te dire ce que je ressens pour Henri : je l'aime. Mais je pourrais l'aimer plus, moitié plus, par exemple. Là, mon Henri, tu es déjà à la place du mort, ce serait dommage quand même. Je n'aime pas faire date, ça m'est pénible. Mais parfois, le souvenir ne suffit pas. Alors j'ai besoin, pour être sûr, de savoir quand est-ce que je pourrai t'aimer tout entier.

– Voilà comment nous allons faire, dit Henri, qui commençait à se détendre. D'abord, tu vas me laisser deux semaines. Ensuite, je vais te payer dix pour cent de plus. Enfin, toi qui connais tout le monde et sais tout ce qu'il se passe, tu vas me tuyauter. Radier : ça te dit quelque chose ?

3

HENRI avait reçu tous les proches de la victime les uns après les autres. La veuve, le fils revenu de ses études en Espagne, les amis du syndicat, les collègues de travail, le supérieur hiérarchique. Cela faisait déjà une large part des personnes listées dans le calepin de Radier. Aucun début d'indice ne se profilait : rien. Tout ce qu'il entendait était banal. Les gens étaient « tristes ». Personne « ne comprenait ». C'était quelqu'un de « sans histoires ». Zeb voyait déjà le moment où le dossier serait classé. Mais il se promettait d'aller au bout de son investigation. Quelque chose, sans qu'il sache quoi, le motivait. L'état dans lequel le corps de Radier avait été retrouvé démontrait, de la part du tueur, un esprit plus tordu que la moyenne de ceux auxquels Henri avait déjà eu affaire.

Les homicides sur lesquels il avait eu à travailler avaient été, dans leur grande majorité, des affaires minables – et c'était d'ailleurs souvent le cas. Les assassinats étaient rarement le résultat de circonstances exaltantes : il n'y avait ni tueur professionnel de la mafia accompagné du matériel dernier cri, ni sentiment passionnel exacerbé. C'étaient de pauvres rixes entre des voyous pitoyables ou des clochards, qui terminaient mal pour des raisons absurdes. On ne comprenait rien aux circonstances et d'ailleurs, pour celles qu'il avait connues, Henri n'avait jamais eu envie de les éclaircir.

De la même manière, ce qui était arrivé à Radier ne ressemblait à rien de ce que pouvaient faire les membres du petit milieu de truands que Zeb fréquentait. Jamais le Financier n'aurait commandité un assassinat de cet ordre, qui aurait beaucoup trop attiré l'attention. Les rares fois où Dédé avait dû « faire date », selon l'expression employée, personne n'avait jamais retrouvé le corps, qui gisait sans doute au fond d'on ne sait quel fleuve.

Avec Radier, c'était différent. D'après le médecin légiste, il avait été étouffé ou étranglé ailleurs, puis le tueur s'était acharné sur son corps *post mortem*, en lui causant diverses plaies au couteau. Ce dernier n'avait pas seulement poursuivi un objectif létal, mais était allé au-delà, en s'assurant que Radier ne serait pas même montrable. Le corps avait été retrouvé avec les bras tordus dans tous les sens. Cela était sans comparaison avec ce que la police judiciaire avait pu rencontrer les années précédentes. Pour ses collègues, c'était un dossier de plus. Mais pour Zeb, cette histoire avait quelque chose de spécifique, que les autres ne voyaient pas. Les policiers de son service, qui auparavant se moquaient de lui en raison de son inactivité, s'amusaient désormais de son entêtement sur ce dossier en particulier.

Quelques jours après leur dernière rencontre, Zeb reçut un message du Financier : « Radier est inconnu au bataillon. Il n'est pas de chez nous. Personne n'a fait date à son sujet. » Les relations entre Zebrowski et le Financier ne remontaient pas à la veille. Cela faisait des années qu'ils se connaissaient et se rendaient des services. Henri avait appris à respecter, à tout le moins, la fiabilité totale de Choukroune. Quand ce dernier affirmait quelque chose, c'était exact. En d'autres termes : la mort de Radier n'avait rien à voir avec le milieu. Zeb pouvait rayer l'hypothèse avec certitude.

Il ne restait plus à Zeb qu'à appeler le numéro attribué à « Patrick » dans le carnet de Radier. Quintana répondit aussitôt. Rendez-vous fut pris chez le journaliste un peu plus tard dans la journée, sans qu'Henri n'en explique les motivations. Il se sentit mal dès qu'il sortit de sa voiture pour se retrouver devant le pavillon de Saint-Germain-en-Laye. Il faut dire qu'Henri vouait une haine sincère aux Yvelines en général. Après Versailles, Saint-Germain-en-Laye était probablement l'une des communes qu'il détestait le plus en ce bas monde. Mais cela ne suffisait pas à expliquer le sentiment de tension qui l'animait en s'approchant des escaliers.

Quintana ouvrit tout de suite, comme s'il avait passé tout son temps à attendre Henri derrière sa porte depuis qu'ils s'étaient parlé au téléphone. Zeb demeura interdit quelques instants devant son hôte. Immédiatement, il ressentit un profond malaise.

Zeb se trouvait dans le salon du journaliste, assis sur un canapé blanc, pendant que son interlocuteur demeurait debout, contre le mur. Henri débuta : « Je viens vous voir au sujet de la mort de Yves Radier. Vous le connaissiez ? » Quintana ouvrit alors des yeux exorbités : « Quoi ? il est mort ? » Il se tourna alors vers le mur, la tête dans son bras gauche, la main droite fermée sur son flanc droit. Il s'agitait de quelques soubresauts – censément des sanglots – dans un silence compassé. Zeb demeura assis et attendit.

Au bout d'un moment, Henri interrogea : « Je peux revenir plus tard si vous voulez. » Quintana quitta alors le mur et se retourna devant son invité. Il avait les joues rouges et répondit avec assurance : « Non, bien sûr. Restez, je vais répondre à toutes vos questions. Pardon, je manque à tous mes devoirs, je ne vous ai même pas salué. » Le journaliste s'avança, la main tendue.

Au fur et à mesure qu'il s'approchait, Henri commença à ressentir des picotements dans les jambes. Lorsque Quintana fut tout près, Zeb sentit son cœur battre avec une force anormale, comme s'il allait quitter sa poitrine. Ses jambes tremblaient. Il éprouvait les mêmes symptômes que ceux ressentis des années plus tôt en face du Professeur Bouteau.

Lorsqu'Henri prit la main tendue par Quintana, leurs regards se croisèrent. À cet instant précis, l'intuition de Henri se mua en ce que l'on pouvait appeler une révélation. C'était comme s'il avait été foudroyé sur place par une vérité aveuglante. L'ensemble de ses sens et de ses organes en étaient tous frappés à l'identique de la manière la plus intense possible. La seule comparaison pertinente qui venait à l'esprit était avec Moïse, sur le Mont Sinaï, lorsque l'autre se pointa pour lui donner les tables de la loi. Le moins que l'on puisse dire est que Zeb n'avait jamais rien eu d'un exalté ou d'un croisé. Il avait beaucoup de défauts, mais ne s'était pas arrimé dans son existence à une quelconque certitude. Ce qui lui arrivait n'en était que plus inattendu et important.

Car désormais, une vérité inébranlable, incontestable et criante lui était apparue : Quintana avait tué Radier. Zeb ne savait pas comment, ni pourquoi, mais il était certain d'avoir trouvé son homme. Il ressentait un vent de panique intérieure. Il ne devait surtout pas laisser voir à son hôte ce qu'il venait de comprendre à son sujet. Trop de questions étaient encore en suspens. On était encore loin du moment où une arrestation pourrait avoir lieu. Comment justifier, à ce stade, une inculpation de Quintana ? « Je l'ai vu dans ses yeux » ? C'était impossible. Pour simplifier : Zeb savait que Quintana ne devait pas savoir que lui, Zeb, savait.

Mais Henri avait conscience qu'il avait laissé voir quelque chose d'anormal. Il s'était statufié d'une seconde sur l'autre et était resté le bras tendu, la main prenant celle de Quintana. Au bout de quelques secondes, ce dernier demanda à Zeb s'il allait bien. Le policier murmura qu'il avait une terrible douleur de dos et demanda à utiliser la salle de bains. Feignant de se lever avec difficulté, il se retrouva enfin seul, dans une gigantesque pièce intégralement blanche.

Devant la glace, Zeb se passa de l'eau sur le visage. À cet instant, il repensa aux vingt années précédentes de son existence. Il les avait consacrées à mentir, tricher, frapper, voler, droguer et se droguer, filouter sous toutes les formes possibles, emprunter, cracher, rembourser, boire, vomir et truander. À sa décharge, il ne prétendait à rien et n'attendait rien de ses semblables. Il ne se prenait pas pour mieux qu'il ne l'était. Mais là, sa route avait croisé celle d'un spécimen rare à ses yeux : quelqu'un de pire que lui.

Au fur et à mesure qu'il reprenait ses esprits, Zeb comprenait que Quintana n'était pas simplement coupable du meurtre de Radier : il incarnait le mal à l'état pur. Comme le Professeur Bouteau avant lui, il était le vice, paré des habits de la vertu. Pas un instant Henri ne jalousait la réussite sociale ou médiatique de son nouveau Némésis. On n'aurait rien compris à lui si l'on avait pu penser que des sentiments de ce style pouvaient l'effleurer. Zeb était chez lui dans la fange et cela lui convenait très bien. Le style de vie qu'arborait Quintana lui était ridicule en tous points. Ce n'était ni son argent, ni sa célébrité qui insupportaient désormais Zeb, mais l'évidence d'une culpabilité si bien dissimulée.

Henri se le promit devant la glace : Quintana ne s'en sortirait pas. Il lui collerait au train jusqu'en Patagonie s'il le fallait, mais il l'aurait – même si cela devait être sa dernière action. Zeb retourna dans le salon.

Il se retenait de ne pas sourire, tant chacun jouait mal. Lui essayait de faire croire qu'il avait eu une douleur au dos. Le journaliste adoptait le rôle de l'ami éploré. Aucun des deux n'était crédible, mais ils s'astreignaient néanmoins avec application à leurs mensonges respectifs. Zeb interrogea Quintana sur ses liens avec Radier. Apparemment, le syndicaliste avait d'abord été un ami de ses parents, en particulier du père, buraliste aujourd'hui décédé. Quintana le considérait comme une sorte de parrain, même si ce lien n'avait jamais été officialisé.

Puis Zeb interrogea plus avant Quintana sur son travail au sujet de Metallotech. Il était tout de même étrange que la mort de Radier et la sortie du livre aient été quasi concomitantes. Est-ce que cela ne pouvait pas être un règlement de comptes quelconque entre les ouvriers ou les syndicats ? Bizarrement, le journaliste, si bien informé dans son ouvrage, prétendit tout à coup n'avoir aucune idée de ce qui se passait au sein de l'entreprise. L'assassinat de Radier provenait peut-être d'une bisbille entre collègues liée à son livre, mais si cela était le cas, il n'en savait rien. Henri insista un peu sur le sujet, demandant à Quintana si Radier avait été sa source. Il permettait ainsi à l'auteur de monter sur ses grands chevaux : jamais il ne dirait qui était ses sources – ou qui ne l'était pas. « Vous pouvez m'arrêter pour cela si vous voulez, mais jamais je ne dirai quoi que ce soit sur ce sujet, dans l'affirmative ou dans la négative. »

Quintana avait pris soin de refuser à la fois d'indiquer sa source, mais aussi de réfuter que Radier aurait pu l'être. Un assassin moins intelligent aurait saisi l'occasion de dire que Radier ne lui avait rien révélé. Mais Quintana sentait qu'une telle affirmation, au contraire, aurait été suspecte auprès d'un enquêteur aux sens aiguisés. Nier aurait ressemblé de très près à un mensonge – et donc attiré l'attention. En invoquant un secret total, le journaliste laissait son interlocuteur dans le flou, ne lui laissant aucune prise. Un policier lambda en aurait même déduit que Quintana, s'il ne se donnait pas la peine de réfuter ses liens avec Radier, était de bonne foi – et donc innocent.

Mais pas Zeb, qui y vit surtout la confirmation de l'intelligence du journaliste. Le policier prit congé. Les deux hommes se saluèrent poliment, mais chacun d'entre eux savait avoir trouvé ici son parfait négatif. Il ne faudrait pas longtemps, ils le savaient également, avant qu'ils se revoient.

4

ZEB se passionna pour Metallotech. Il se déplaça dans les usines de l'entreprise, en particulier l'établissement de région parisienne où Radier avait travaillé. Il interrogea tous ses collègues, du fraiseur jusqu'au directeur, en s'intéressant à chaque échelon de la hiérarchie. Il n'existait pas de littérature officielle retraçant le mode de fonctionnement de la firme, ni son évolution. L'histoire des entreprises était pour une large part un mélange de tradition orale, plus ou moins déformée avec les années, et de vieux documents conservés dans des archives, quasiment impossibles à déchiffrer aujourd'hui.

Il y avait une constante dans tous les témoignages que Zeb avait recueillis : personne n'avait jamais vu Quintana ni lu son livre. On ne savait tout simplement pas de qui il s'agissait. *Une matière molle* avait beaucoup fait parler dans les médias, mais au sein de l'usine, tout le monde s'en moquait. Les gens se plaignaient, mais pour des motifs qui n'avaient rien à voir avec ceux mentionnés dans le livre : beaucoup étaient en colère de ne pas avoir bénéficié d'avancement depuis trop longtemps, Metallotech étant décrite par tous comme une entreprise pingre offrant de faibles opportunités de carrière. « Ça fait vingt ans que je donne tout à cette boîte, et j'ai été promu seulement une fois. » En revanche, pas un seul salarié n'évoquait avoir fait l'objet d'accident du travail ou en avoir été témoin. Au sein du service des ressources humaines, aucun accident n'avait été identifié sur les douze mois précédents – enfin, presque aucun.

En effet, il y avait bien eu un accident du travail recensé chez Metallotech peu de temps auparavant : celui de son président, Arnaud de Lancereau. Âgé de 58 ans, il correspondait au parfait profil du grand patronat français : grandes écoles, cabinets ministériels, puis direction de grandes entreprises. En trente ans de carrière, il n'avait pas fait un faux pas et n'avait connu que l'excellence. Major de promotion, haut fonctionnaire recherché puis redresseur de grandes compagnies publiques en difficulté : on n'avait jamais entendu à son sujet que des louanges. Bien sûr, comme toutes les personnes de sa catégorie, il n'était pas réputé pour avoir un caractère onctueux et jovial. C'était une porte de prison téléportée sans transition depuis la fin du XIXe siècle jusqu'à nos jours. Mais enfin, dans le genre, on avait aussi connu pire : il n'avait jamais soulevé de contestation ou de contentieux, était marié depuis trente-cinq ans à une dame de son milieu, elle aussi sans histoire. Il était ennuyeux comme la pluie, mais c'était un homme estimable.

Hélas, comme toutes les personnalités habituées au succès, Lancereau s'était trouvé complètement démuni lorsqu'il avait été confronté à un évènement qu'il ne pouvait pas maîtriser. Ainsi, face à l'imminence de la sortie du livre de Quintana, il était passé par à peu près tous les stades du deuil décrits par Elisabeth Kübler-Ross, en donnant à chacun d'entre eux une dimension paroxystique[4]. Apprenant qu'un journaliste d'investigation préparait

4. Psychiatre célèbre, le docteur Kübler-Roth (1926-2004) a théorisé le fait que tout deuil s'éprouve en cinq étapes successives : refus, colère, tractation, dépression puis acceptation.

une enquête sur Metallotech, il avait d'abord refusé d'y croire et donc, laissé traîner le sujet, estimant qu'il n'était de toute façon pas possible que cela donne lieu au moindre problème. Cela avait été sa première erreur, et possiblement la plus grave, car elle laissa de longs mois à Quintana pour mener son investigation en toute liberté. Lancereau fut ensuite informé que le journaliste avait quasiment terminé un premier manuscrit, qui s'avérait très accusateur à l'encontre de Metallotech. Sa réaction consista à tout détruire dans son bureau, allant jusqu'à casser son propre fauteuil. L'évènement eut un tel retentissement qu'il donna au président, qui n'avait jamais eu jusque-là un mot plus haut que l'autre, l'image d'un tyran irascible – ou comment contribuer malgré soi au problème que l'on cherche à éliminer. Puis, Lancereau se lança dans une très aléatoire phase de tractation. Il n'était pas capable d'accepter l'idée que quelqu'un ait voulu lui nuire sans qu'il ait été possible de l'en empêcher en proposant en échange diverses prestations. Cette incapacité à voir le réel avait été à la source d'une nouvelle série d'erreurs. Ainsi, selon la philosophie de Lancereau, l'être humain était par définition corruptible et il n'existait que deux monnaies d'échange concevables dans tout marchandage : le sexe et l'argent. Il fallait admettre que dans une majorité de cas, une telle conception était d'ailleurs tout à fait valable. Fort de cette certitude, Lancereau essaya de choisir quelle serait la monnaie appropriée à l'égard de Quintana. Il le fit donc suivre.

Hélas, la filature du journaliste ne donna pas de résultat tangible. Il vivait dans une maison moderne à Saint-Germain-en-Laye, acquise grâce à l'héritage de ses parents. Et il alignait les conquêtes féminines éphémères. Sa vie ne présentait pas, pour l'enquêteur, de spécificité particulière. Lancereau considéra d'expérience que Quintana, s'il vivait très correctement pour son jeune âge, n'en serait pas moins comme tout le monde, c'est-à-dire avide d'en avoir plus. Il se convainquit que l'argent était nécessairement, forcément, son unique moteur.

C'est ainsi que, quelques jours avant la publication du livre, Roland Courtois, avocat de Metallotech et ami personnel d'Arnaud de Lancereau, contacta Le Cabanon Bleu, société éditrice, puis Quintana lui-même, pour tenter de trouver un arrangement. Lorsque Zeb prit rendez-vous avec Courtois, ce dernier se montra d'abord réticent à donner le moindre détail sur la manière dont les échanges avaient eu lieu – secret professionnel oblige. Mais Henri et lui se découvrirent un intérêt commun pour le Martini au citron, ce qui aida de manière considérable l'avocat à s'épancher. Après un cigare, on ne pouvait plus l'arrêter :

« Ce n'est pas auprès de l'officier de police que je vais raconter ce qui va suivre, mais de l'amateur de Martini – et ce sera confidentiel. Jamais je ne le confirmerai sur procès-verbal. On est d'accord ? Alors voilà, nous étions décidés, Arnaud et moi, à acheter ce Quintana par tous les moyens possibles, car il était évident à ce stade que son enquête allait nous faire beaucoup de mal. Mais croyez-moi : je ne suis pas le perdreau de l'année, je ne vais pas appeler un journaliste que je ne connais pas en lui donnant une somme. On avait beau être en difficulté, nous n'étions pas encore désespérés à ce point, ni complèments débiles. Il y a manière de faire ces choses-là.

Alors oui, j'ai appelé ce Quintana – et j'ai tout de suite vu qu'il était intelligent, cela pour une raison simple : il ne disait rien. Un monstre froid. C'est moi qui ai dû faire toute la conversation, en essayant de me présenter sous mon jour le plus sympathique. C'est à peine s'il me répondait, un peu comme si j'allais lui passer la lèpre rien que de lui parler dans le combiné. Je ne lui ai absolument pas parlé d'argent : je lui ai proposé un rendez-vous avec Arnaud et moi, en lui suggérant de faire venir, s'il le voulait, un avocat de son choix. C'est tout, je n'ai rien avancé d'autre. Ce salopard m'a juste répondu "je vous rappelle". Et, bien sûr, je n'ai plus jamais eu de ses nouvelles.

Et je l'ai retrouvé, quelques jours plus tard, pérorer à la télévision comme quoi on lui aurait proposé des millions d'euros. Mais c'est complètement faux ! En tout cas, cela ne vient pas de moi. Lancereau avait peut-être missionné quelqu'un d'autre en même temps, dont je n'aurais pas été au courant ? C'est toujours possible, mais cela m'étonnerait. Il aurait fallu être idiot pour effectuer une démarche pareille, qui plus est dans mon dos, et Arnaud est tout sauf cela, croyez-moi. Mais qui sait ? Peut-être que, dans une position désespérée, il a cru jouer son joker ? »

Zeb demanda à Courtois pourquoi il n'avait pas répliqué de manière publique aux mensonges de Quintana, aussi bien concernant la situation de Metallotech que les conditions de la tractation. Sur ce point, Courtois était catégorique :

« Pour s'exposer davantage ? Ça non, jamais ! Lorsqu'un missile est lancé, il faut d'abord se tenir le plus loin possible de l'onde de choc. Ensuite, il faut se méfier des retombées, parce que tout cela continue d'être radioactif pendant un moment, vous savez. Il n'y a qu'une seule attitude saine dans une situation pareille : hiberner, en attendant que les gens passent à autre chose. La plupart étant très cons, ils le font assez vite, un peu comme les poissons. Un aller-retour dans l'aquarium et hop, on passe à autre chose. Alors on attend que les médias s'épuisent et surtout on évite de remettre un sou dans la machine. Pendant ce temps-là, Quintana a son heure de gloire, il est content, ce con. Et après on rénove tout, on change le nom de la boîte, on repeint le bâtiment et on recommence. C'est cyclique ces choses-là. À intervalles réguliers, vous avez des parasites comme ce journaliste-enquêteur, qui viennent emmerder le monde. J'ai compris maintenant comment les traiter. L'erreur, c'est de vouloir s'en débarrasser. Or, ce n'est pas possible, ce sont des gens qui vous engluent de merde jusqu'à vous paralyser. Ce qu'il faut, c'est les laisser vous pomper un peu de votre énergie. C'est pénible, mais ainsi, ils s'éloignent de vous le plus vite possible. »

Sans doute par délicatesse, Courtois était resté taiseux sur un dernier évènement qui avait empêché Metallotech de répliquer à l'enquête : la sévère dépression qui frappa Lancereau après la publication de l'ouvrage. Assailli de questions par les représentants du personnel, l'inspecteur du travail, les journalistes, le ministère du travail, lâché par son équipe, il sombra en quelques jours. Depuis, il était dans une maison de repos et avait la parole rare. Une infirmière venait lui faire la lecture tous les jours, en sélectionnant uniquement des ouvrages apaisants, après vérification qu'aucun d'entre eux n'était susceptible de lui rappeler les circonstances de sa déchéance. Ainsi, il venait de terminer les *Oui-oui* et allait courageusement passer au *Club des Cinq*. Il n'avait pas encore abordé la dernière phase décrite par Kübler-Ross, à savoir l'acceptation. Mais dans la famille Lancereau, chacun avait conscience qu'il allait falloir l'attendre patiemment.

5

AU *PARIS Chic Rooftop*, la cervelle de veau, servie avec ses tagliatelles, coûtait la modique somme de 54 euros. Et Quintana avait immensément envie d'une cervelle de veau. Mais il était bien conscient qu'il s'agissait du dernier plat à sélectionner s'il avait envie de faire naître des pensées d'ordre érotique chez son interlocutrice. En dépit de ce que l'on appellera pudiquement ses quelques zones d'ombre, Quintana n'avait tout de même pas complètement perdu le nord. Il opta donc plus raisonnablement pour un bar persillé, qui avait néanmoins le désavantage de lui coûter 62 euros. Cela faisait tout de même 8 euros de plus.

Assez rapidement, il additionna. Claire avait pris la volaille, sans doute un peu moins chère que le poisson. Mais enfin, vu les ordres de grandeur, il faudrait compter une cinquantaine d'euros – au moins. Cela faisait déjà cent douze, rien que pour les plats. Elle avait pris un Kir en apéritif et terminait un verre de vin blanc, que Quintana s'était senti obligé de doubler pour boire avec son invitée. Si l'on ajoutait les desserts et les cafés, dont on pouvait être certain que cette idiote ne lui ferait pas cadeau, alors on devrait tabler sur 250 euros. Il était intérieurement révolté, à tel point qu'il écoutait à peine Claire. Il goûtait le bar, qui était d'une fadeur sans nom. Ils appelaient cette chose-là « persillée » ? En soi, il s'en moquait, mais il s'estimait en droit d'en avoir pour son argent.

Claire racontait son enfance dans un petit pavillon près de Florange, entourée par des parents aimants qui lui avaient inculqué, selon ses termes, « de belles valeurs ». Comme elle ne disait pas lesquelles, on pouvait suspecter le pire, mais enfin, cela ne dérangeait pas Quintana, qui continuait de faire semblant d'écouter et paraissait ailleurs. Cela produisait à son bénéfice un effet collatéral inespéré : Claire se demandait ce qu'il pensait et cherchait à l'intéresser. Elle pensait échouer à le distraire – et cet échec se transformait en elle en une sorte de frustration intérieure plus générale, qui était proche de se muer en désir.

Au même instant, le journaliste n'avait qu'un souhait : arrêter un des serveurs pour se plaindre de l'absence de persil. Une seule pensée se formait dans son esprit : « Pour 62 euros, on a le droit d'exiger que son poisson ait du goût. » Mais il savait que s'il s'engageait dans ce type de démarche, ses chances d'obtenir quoi que ce soit de sexuel d'ici la fin de la soirée risquaient d'être anéanties. Dans ce cas, il aurait mieux valu prendre la cervelle de veau dès le départ. Ce qui l'énervait le plus était que le gouffre financier que constituerait cette soirée était désormais une certitude, là où une issue consacrée à une activité charnelle demeurait aléatoire. Et Quintana détestait l'aléa en toutes matières. Pour le moment, il choisit de taire ses envies de plainte au sujet du persil, mais cela tenait à peu de chose.

Pour se divertir et tenter d'oublier sa frustration, il décida de regarder un peu Claire, ce qu'il n'avait fait que vaguement jusque-là. Elle était habillée avec simplicité et élégance, dans une fine robe beige, qui mettait en valeur sa longue silhouette. Ses cheveux blonds étaient en arrière, tenus par une natte. Ses sourcils fins surplombaient de haut des yeux verts qui l'interrogeaient.

– N'est-ce pas que c'est vrai ? dit-elle en cherchant avec sincérité une réponse positive.

– Évidemment ! répondait-il sans avoir un début d'idée de ce qu'il venait d'approuver ; il espérait n'avoir pas adopté, par inadvertance, une position qui ne serait pas socialement acceptable ou qui pourrait se retourner contre lui.

– Quand on vient de province, on a tout de même plus de mal à réussir en entreprise.

Ouf, il s'agissait de la sempiternelle querelle entre Paris et la province, rien d'important. Quintana se disait qu'en cette matière, Claire n'avait pas particulièrement à s'en faire. Elle passait aisément pour une Parisienne d'un certain niveau social. Il se demanda combien coûtaient les vêtements qu'elle portait, mais cela le fit immanquablement revenir au prix du dîner.

Puis il se demanda ce qu'il allait faire de Claire. Est-ce qu'il allait l'utiliser à court terme, ou pouvait-elle lui procurer un avantage quelconque au-delà de quelques jours ? Elle travaillait tout de même au sein de la plus célèbre chaîne d'information continue. Certains la reconnaissaient sur son passage. Tout cela avait un peu de valeur. Ce n'était pas décisif, mais on ne pouvait pas l'occulter non plus. Grâce à elle, il pourrait peut-être vendre quelques exemplaires supplémentaires de son livre. Quintana commença à calculer les droits d'auteur que pourraient lui rapporter mille exemplaires vendus en plus. Une estimation prudente lui promettait près de 5000 euros. Si l'on comptait 2000 euros par mois – il lui attribuait tout de même un peu plus que le SMIC – cela pouvait valoir deux mois et demi de couple.

Il s'interrogea sur la question de savoir si une telle durée serait suffisante pour en tirer tout le parti possible.

Ils attaquèrent le dessert. Évidemment, Claire avait choisi les crêpes Suzette, de loin le plus onéreux de la carte. Quintana n'avait pas dû dire deux mots de tout le dîner – pourtant, il l'avait enivrée. À ce stade de la soirée, elle était prête à le suivre chez lui le soir même et ne plus jamais retourner chez elle. « On va boire un verre ? » Elle répondit oui tout de suite et ils se levèrent.

Avant de quitter l'endroit, Quintana demanda à Claire de l'attendre cinq minutes. Elle resta debout près de la sortie. Il partit plus loin et prit une porte qui menait aux cuisines. Le restaurant était bruyant, entre les clients et la musique, mais elle était certaine d'entendre des cris derrière la porte. Tout cela dura. Après une dizaine de minutes, Quintana ressortit, le visage fermé, tout en colère rentrée. Un des serveurs sortit à son tour des cuisines et le regarda partir, l'air médusé.

Subitement, Claire n'eut plus du tout envie de suivre son prince charmant du soir. Elle ne pouvait se l'expliquer, mais désormais, plus rien n'allait. Elle ne le connaissait pas et n'avait pas confiance. Elle prétexta du travail à faire pour le lendemain et sauta dans un taxi.

Pendant une ou deux minutes, Quintana avait été un peu déçu. Mais au fond, pour lui, cela n'avait pas d'importance. Assise à l'arrière de son taxi, Claire sentit un vent froid sur sa nuque.

6

« *SON, YOU BETTER get ready for looooooove... On this glory day.* » Je vivais un grand moment d'allégresse au réveil, en ce jour merveilleux où j'allais revoir Diane au dîner. Je chantais en me lavant les dents, dansais en m'habillant, jonglais avec les dosettes en buvant mon café. Il n'y avait rien de plus exaltant que de « monter un coup », avec soi-même dans le rôle du *mastermind*.

Je réfléchissais à l'endroit, à la disposition des tables. Il fallait un restaurant calme pour que je puisse être certain d'entendre ce que les convives diraient – et surtout qu'ils puissent m'écouter parler. Si je n'étais pas monstrueux d'apparence, je ne faisais pas partie des personnages qui pouvaient susciter l'attirance en demeurant statique et en étant simplement *là*. Pour séduire, il me fallait causer – et donc m'assurer que l'acoustique me soit propice. Je pensais proposer à Thomasson d'aller au *Ciel*, fameux restaurant du boulevard Montparnasse, qui était suffisamment cher pour y être peu fréquenté, et qui de surcroît avait le bon goût de proposer une sole meunière très délectable, pour peu que l'on puisse se l'offrir.

À propos de prix, je devais tout prévoir à ce niveau-là. Il fallait que j'invite. Problème : mon découvert s'élevait à 5426 €, ce qui compromettait tout usage de ma carte bancaire. J'allais devoir me munir de liquide ; ce serait moins *smart*, mais je n'avais pas le choix. Heureusement : ma clientèle était d'une catégorie hostile aux chèques et aux virements. J'aurais aimé pouvoir servir du vin à Diane avec un bras et tendre négligemment ma carte vers le serveur avec l'autre. J'allais devoir faire autrement. Il ne faudrait surtout pas montrer les billets. J'imaginais prétexter quelque chose pour me lever et aller payer sans qu'ils ne le voient.

Surtout, je pensais aux sujets de conversation sur lesquels nous pourrions deviser. Il fallait que cela puisse me mettre en valeur… et si possible que le thème soit propice à ce que Thomasson effectue une superbe sortie de route. En effet, je pouvais, certes, espérer briller par moi-même. Après tout, je n'étais pas encore gâteux et disposais de la pleine possession de mes facultés mentales, sur lesquelles je comptais. Mais enfin, la meilleure manière de l'emporter était encore de faire perdre son adversaire. Comment le pousser à la faute ? C'était tout l'enjeu.

Il y avait, bien sûr, la question juive – terrain d'élection de toute controverse. Je fantasmais sur le fait que Thomasson effectue une dégoûtante saillie antisémite en plein dîner et que Diane, outrée, repartirait avec moi. C'eût été trop beau. Il fallait redescendre sur terre : strictement rien ne laissait présumer qu'il ne soit pas tout à fait correct à ce niveau – hélas. Diane elle-même était impeccable – j'en savais quelque chose – et ne se serait jamais acoquinée avec un individu animé par un sentiment haineux. Il allait falloir trouver autre chose. Thomasson, de surcroît, était le directeur général d'une entreprise sérieuse. Je ne dirais pas que cela procurait une immunité contre la bêtise, loin de là d'ailleurs, mais enfin, on pouvait présumer que d'un point de vue politique, il ne se situait pas dans ce que l'on désigne aujourd'hui sous le terme des « extrêmes ». Cela, pour moi, limitait le champ des possibles. Je ne dominerais pas en plaçant les échanges sur le terrain social, communautaire ou politique.

En revanche, il aimait le *football* – là où Diane travaillait au ministère de la Culture. Il y avait forcément une faille à ce niveau, dans laquelle se faufiler. C'était décidé : mon magistère serait celui des arts. C'était dans ce domaine qu'il me faudrait, discrètement, poliment, doucement, imperceptiblement, délicatement, écrabouiller Thomasson pour qu'il n'en reste rien.

« The Cuervo Gold, The fine Colombian, Make tonight a wonderful thing ». La musique ne s'arrêtait pas depuis ce matin. Je déjeunais à *La Farandole*, bistrot proche de mon cabinet, en poursuivant ma *playlist*. Je dus l'interrompre quand mon téléphone sonna :

– Ouais, c'est Rita, beugla-t-elle. Dis-moi, pour ton dîner de ce soir, tu pourrais me briefer, non ? Je suis censée être qui, moi, dans tout ça ? Je ne sais pas qui j'interprète et je ne sais pas qui seront les gens autour !

Mon Dieu : j'avais oublié Rita. Il fallait bien que quelqu'un joue ce soir le rôle de « ma compagne depuis un an », emploi qu'elle avait accepté contre une gratification âprement négociée. Je n'étais pas tout à fait certain des capacités d'actrice de Rita. Elle adorait parodier une publicité dans mon bureau en répétant, avec un accent italien à couper au couteau : « Si ! A la vita ! Si ! A l'amore ! », en sautant dans tous les sens. Mais je crains qu'elle n'ait eu de Cate Blanchett ni la beauté, ni le talent. J'essayai de la rassurer : son nom serait Sylvie Martin ; elle exerçait la profession d'infirmière à domicile (métier à la fois méritant et susceptible d'éveiller des fantasmes de collégien) ; nous étions ensemble depuis un an après nous être rencontrés par l'intermédiaire d'un client commun, mais sans vivre l'un avec l'autre. Apparemment, elle écrivait sous ma dictée, « pour pouvoir réviser avant le dîner », disait-elle. Tout cela ne présageait rien de bon.

Après avoir raccroché, je ne remis pas ma *playlist*. Une humeur sombre s'abattait sur moi. J'attendais ce dîner depuis plusieurs jours en me délectant. Mais maintenant que l'échéance était proche, je devais accepter l'évidence : cette soirée allait être un échec. Comment pourrait-il en être autrement ? Je m'étais laissé enivrer par mes calculs mathématiques et mes stratagèmes, mais je savais bien que tout cela ne mènerait nulle part. Une fois que l'espoir aurait disparu, comment rebondir et trouver une autre raison d'avancer ? Allez, on verrait bien demain. En attendant, peut-être devrais-je me préparer bientôt à baisser pavillon, mais au moins, ce serait après une belle bataille !

Avant que je n'aie pu écrire à Thomasson pour lui proposer le *Ciel*, le voilà qui m'écrivait : « Rendez-vous au *Paris Chic Rooftop* à 21h30 ». Catastrophe : le dernier endroit approprié était ce genre de restaurant pseudo-clinquant du huitième arrondissement – de surcroît, bourré de monde en permanence. Décidément, même sans le savoir et sans le vouloir : il était mon ennemi. Et à ce stade de ma modeste existence, j'en étais arrivé à la réflexion suivante : il faut détruire ses ennemis. Pas gentiment, pas avec moralité ou tact : non, l'anéantissement de l'adversaire était une nécessité vitale. Cela pouvait impliquer de faire souffrir quelques principes au passage, mais enfin, l'idée se défendait.

Il me restait à appliquer la même doctrine au domaine sentimental. Il ne devait rien rester de Thomasson à la fin de cette soirée. Je ne pensais évidemment pas à une quelconque destruction d'ordre physique. J'aurais été incapable de frapper qui que ce soit, quelles qu'eussent été les circonstances. En cas de bagarre, mon rôle naturel aurait été celui d'arbitre. Non : je pensais à ce qu'il ne reste rien des sentiments que Diane pouvait éprouver pour lui. J'arrivais tard et la tâche serait rude. Mais comme l'avait indiqué le docteur Wutenberg, la probabilité que je parvienne à mes fins, par définition, n'était pas nulle. Il restait à trouver le chemin.

Dès le départ, cela a mal commencé. J'avais retrouvé Rita à quelques rues du restaurant, pour que nous fassions mine d'arriver ensemble. Je lui avais donné rendez-vous à 21 heures, soit trente minutes en avance, car avec quelqu'un comme elle, mieux valait ne pas prendre de risque. J'étais moi-même sur les lieux quinze minutes plus tôt, et elle était déjà là. Nous avions donc trois quarts d'heure à attendre ensemble – une corvée. Il faudrait même compter un peu plus car, à la réflexion, je préférais ne pas arriver premier au rendez-vous. J'emmenai Rita au *Petit comptoir*, un bar-tabac proche, aux lumières blafardes. Une dizaine de clients bruyants s'entassait devant un écran minuscule, pour suivre les résultats d'un match quelconque. Rita et moi prenions une bière sans trop nous parler. Suivant ma demande, elle ne s'était pas habillée de manière professionnelle, mais juste ordinaire. Elle n'était pas éblouissante, mais enfin, elle ferait l'affaire.

Nous fûmes au *Paris Chic Rooftop* à 21h45. J'étais déjà fatigué et les bières que je venais d'ingurgiter avaient été de trop. Thomasson et Diane nous attendaient. Son bras était sous le sien. J'ai tout de suite reconnu sa tête des mauvais jours. Elle était toujours aussi belle, mais sa journée avait été rude. Elle avait envie de tout sauf d'être là, je le sentis immédiatement. On se salua et on s'assit. Diane se jeta sur le menu – un signe qui ne trompait jamais : tout cela devait aller vite. La conversation s'installait gentiment. Je l'orientai sur Thomasson, lui demandant de ses nouvelles. J'avais trouvé cela habile de ma part. En effet, cela m'éviterait de me faire reprocher d'avoir voulu attirer l'attention sur moi – et me donnerait peut-être une prise pour plus tard.

Mais ce soir-là, Thomasson ne se laissait pas faire. Il m'attaqua sans attendre :

– Et toi Dany, raconte-moi un peu d'où tu viens, ton parcours. C'est à peine si je sais ce que tu fais !

Diane rebondit aussitôt :

– Attends, il ne t'a jamais parlé de sa légion d'honneur ? interrogea-t-elle pendant que Thomasson ouvrait grand les yeux. Eh bien, alors Dany ? Tu sais, il est paradoxal, car d'un côté, il prend des grands airs, mais de l'autre, il est assez discret sur ses réussites, c'est une de ses qualités d'ailleurs. Il est le plus grand avocat en droit immobilier de notre beau pays – enfin, il l'était à l'époque où nous étions mariés, aujourd'hui je ne sais pas. Mais il a eu toutes les décorations qu'on peut avoir à ce niveau.

Thomasson ouvrait grand les yeux. Il ne lui était manifestement pas venu à l'esprit auparavant que j'aie pu avoir à mon crédit quelque accomplissement que ce soit. Ce fut seulement à cet instant qu'il comprit, confusément, que j'étais peut-être un rival. Diane poursuivit :

– Il a rédigé tous les manuels et tous les articles sur son domaine de compétence. Je me demande même s'il n'a pas été consulté par le gouvernement sur des textes de loi. Si cela se trouve, le connaissant, c'est lui qui les a écrits mais il ne te le dira jamais. Va comprendre : lui, qui aime attirer l'attention, préfère mettre en lumière ses échecs. C'est une forme d'hyper discrétion poussée à l'extrême. Il est capable de s'inventer des défauts qu'il n'a pas, rien que pour t'en parler. La plupart des gens veulent être aimés en raison de leurs qualités. Lui veut l'être malgré ses vices, c'est original. Pas vrai mon Dany ? Ainsi, il a tout du bourgeois très convenable et bon chic bon genre, mais il s'imagine vivre comme une sorte de truand ou de petit voyou, c'est comme cela qu'il se voit lui-même. Il se sent illégitime, en fait, mon pauvre Dany.

J'interrompis Diane :

– En réalité, j'ai surtout l'âme d'un poète, dis-je en prenant une voix plus grave et lente, me penchant vers Diane, soulevant mon verre de bordeaux et le plaçant dans son champ de vision, avant de reprendre : « La vague en a paru rouge et comme enflammée. Ce soir, ma robe encore en est tout embaumée. Respires-en sur moi l'odorant souvenir. »

Il s'agissait d'un exercice délicat. Je devais, en récitant le poème, en faire juste un peu trop, pour faire croire que ma récitation relevait du second degré ou de la plaisanterie. Mais il ne fallait pas tomber dans l'excès, car Diane devait être en mesure de percevoir que j'étais sérieux. Cela peut sans doute paraître étonnant ou idiot, mais j'avais passé une large part de mon existence à procéder ainsi, en oscillant entre le premier et le second degré. Mon exercice favori consistait à utiliser le premier quand je pensais le second – et inversement. À la longue, j'avais d'ailleurs du mal à m'y retrouver. Bref, je terminai ma récitation en détachant bien chaque mot, les yeux mi-clos. Lorsque je les rouvris, elle me regardait, un demi-sourire aux lèvres.

– Bravo, Dany. C'est si rare de t'entendre aussi romantique, dit-elle avant de se tourner vers Thomasson. Tu sais, avec lui, la réalité est plus prosaïque, tout y est fornication, frustration, masturbation. On est loin des alexandrins.

– Quand même, c'était vachement beau, dit Rita qui tentait de venir à ma rescousse. C'est de toi ?

– Non, Marguerite Desbordes-Valmore, répondis-je.

– Marceline, ajouta Thomasson en souriant.

– Là, tu l'as mouché, rit Diane. Attention, je le connais ! Il ne va pas être content !

Je le regardai, interdit. Il ajouta en plaisantant :

– Marceline. C'est MARCELINE Desbordes-Valmore. N'est pas poète qui veut ! Allez, j'ai l'addition sous le nez, c'est pour moi. J'espère qu'on se reverra tous bientôt !

Avant même que je ne m'en rende compte, le dîner était terminé. J'avais échoué : Thomasson était toujours en vie. Moi ? Je ne savais pas. Diane me dit à peine au revoir ; ses baisers sur mes joues avaient été donnés avec la douceur d'un trente-huit tonnes percutant un mur de béton. Quelques minutes après, il était 23 heures et j'étais dans un taxi raccompagnant Rita chez elle. Arrivés à sa porte, elle tourna la tête vers moi avant de rentrer :

– Ça s'est pas passé comme tu voulais, pas vrai ?

– Je crois surtout que cela n'était pas possible. Mais tu n'y es pour rien. Tu as parfaitement tenu ton rôle. Tu as été formidable.

– Tu peux monter si tu veux. Je te remonterai le moral. Pour toi, je le fais à 300 balles, un prix de copine.

– Je suis probablement idiot de te dire non, mais je vais dire non. Ceci dit, c'est très gentil de me l'avoir proposé, j'y suis très sensible. Tiens, je te donne les 300 euros tout de même (c'était une partie de l'argent que j'avais sorti en liquide pour payer le dîner).

– Tu es super. Ça fait longtemps que je dois faire des courses et m'acheter du détergent. Salut !

Il me restait à marcher jusque chez moi. J'avançais lentement. Je ne savais pas bien comment redémarrer à partir de là. Je n'avais plus ni théorème mathématique, ni plan pour avancer. Je traînais place de Clichy, m'asseyant sur un banc. Il faisait froid. Tout était désert. On ne pouvait pas même y retrouver le plaisir d'assister à quoi que ce soit de sordide : il n'y avait rien ni personne. Je fantasmais en imaginant Diane et Thomasson, chacun allongé dans leur lit, dans une chambre chaleureuse à la lumière tamisée : lui regardant sa tablette et elle mettant ses lunettes pour parcourir le dernier numéro d'*Artpress*. Il me restait de la monnaie : j'achetai une bouteille de whisky dans une lamentable épicerie. Dans la circonstance, l'alcool me paraissait être la seule issue pertinente. Mais une fois rentré, je ne trouvai pas la force d'ouvrir la bouteille. Je restai juste assis. Tout de même, il fallait voir le positif : Rita aurait son détergent.

7

DEPUIS la sortie du livre, Quintana avait loué un bureau chez son éditeur, Le Cabanon Bleu, d'où il pouvait recevoir les nombreuses personnes qui le sollicitaient. Son grand plaisir était de donner chaque jour rendez-vous à un apprenti journaliste, pour pouvoir lui enseigner ce qu'il appelait « les grands principes du métier ».

En arrivant ce matin-là dans son bureau, Quintana vit d'abord une paire de vieilles baskets sur son bureau. Puis il sentit une forte odeur de tabac et vit de la fumée. Enfin, il se rendit compte que les baskets et la cigarette appartenaient à la même personne, assise dans son fauteuil. Zeb jeta négligemment sur le bureau du journaliste le magazine porno qu'il faisait semblant de lire en attendant. Il accueillit le nouvel arrivé en étant tout sourire :

– Ça alors ! Ce ne serait pas mon bon ami Quintana ? Comment ça va ? Asseyez-vous, prenez un café.

– Merci, dit le journaliste, désarçonné, mais comprenant rapidement qu'il allait devoir faire attention, répondit sèchement : je n'ai pas soif.

– Ah bon ? J'ai compris : c'est la tristesse. Vous êtes encore très affecté par la mort de Radier, ça vous enlève tous les plaisirs, pas vrai ?

– Je ne peux pas aller jusque-là, mais oui, cette nouvelle m'a fait de la peine, répondait un Quintana en pleine maîtrise de lui-même.

– Eh bien, j'ai une bonne nouvelle, mon Patrick. Aujourd'hui, on va s'extraire de ce marasme. On avoue. Eh oui, petit, aujourd'hui, on déculpabilise. On se dit tout. On passe à la caisse – et c'est moi qui ramasse. On paie l'addition.

– Plaît-il ?

– La joue pas fine avec moi, ducon. Tout le monde sait que Radier, c'est toi. Pourquoi, ça je ne sais pas bien encore. Peut-être que ça t'amuse, que tu es complètement cinglé, je ne sais pas et à vrai dire, je m'en fous. Mais que tu as tué Radier, ça, j'en suis certain. Au commissariat, toute l'équipe est sur ta pomme nuit et jour, les preuves sont confondantes. Moi, je suis venu nous faire gagner du temps à tous et nous éviter de la paperasse. Tu me dis la vérité qu'on en finisse, comme ça, je t'embarque gentiment, on ne fait pas de scandale chez ton éditeur, on part bras dessus, bras dessous comme de bons potes.

– Je vous prie de m'excuser, Monsieur l'Officier, répondait Quintana d'un ton assuré et neutre, mais je ne vois absolument pas de quoi vous me parlez. Je suis prêt à vous aider de toutes les manières dans votre enquête, car je suis moi-même très désireux de trouver qui a pu commettre une telle chose, mais je ne peux pas vous avouer quoi que ce soit, car je n'ai rien fait.

– Tu es désireux, c'est ça ? Je vais t'en donner du désir, moi.

Zeb se leva et se mit à marcher lentement. Il toucha une série de livres rangés dans la bibliothèque. « Tu désires ça, par exemple ? » Puis il les fit tomber par terre dans un geste sec. Il s'approcha ensuite du bureau en montrant tous les papiers de Quintana. « Ou alors, tu désires ça peut-être ? » Puis il froissa et jeta la pile sur le sol. Quintana ne réagissait pas. La technique employée par Zeb fonctionnait peut-être dans les bistrots, mais elle laissait le journaliste parfaitement froid. Ce dernier s'avança même :

– Monsieur l'Officier, je maintiens ce que j'ai dit et je demeure disponible pour vous aider, mais je crois qu'en l'état il faudrait mieux mettre fin à cette visite. Je vois que vous êtes blessé au front, je ne voudrais pas que vous vous fassiez mal à nouveau en vous emportant.

La phrase, prononcée avec un imperceptible sourire, mit Zeb hors de lui. Il essaya de se contrôler, prit un coussin qui traînait sur le fauteuil et l'envoya sur Quintana qui le rattrapa au vol :

– Écoute-moi, petit merdeux, prends ça et garde-le bien près de toi. Aujourd'hui, tu n'as pas de problème à rester assis, mais crois-moi, dans quelques mois, ça te sera difficile. Tu comprends, quand je t'aurai mis au trou pour les vingt prochaines années, tu vas souffrir terriblement à cet endroit, tu m'entends minable ? Et tu sais pourquoi ? Tu le devines, mais je vais quand même bien te l'expliquer, pour qu'il n'y ait pas de malentendu. Là-bas, à Fleury, jeune comme tu es, tu seras leur meuf à tous. Ils te passeront dessus à tour de rôle, tu verras. Oh tu ne vas pas t'ennuyer, crois-moi, il y aura de quoi faire.

– Merci pour ces informations, cher Monsieur, au revoir.

Ne sachant plus quoi ajouter, Zeb partit en claquant la porte. Il savait avoir complètement échoué à obtenir quelque information que ce soit, mais surtout à ébranler la confiance de Quintana. Son numéro n'avait pas fonctionné une seconde. Il décida d'ingurgiter le plus d'alcool possible dans les minutes qui suivirent, en s'installant au comptoir du *Petit bonheur*, la brasserie située en face de l'éditeur. Il grommelait entre chaque gorgée : « Suis prêt à vous aider dans votre enquête... t'aiderai moi, petit con ! » Une fois remis à flot, Henri se rendit dans les locaux de son équipe.

Gilles était affairé à remplir les statistiques de son service, ce qui lui demandait une très forte concentration. Il ne releva pas la tête lorsque Zeb vint s'asseoir en face de lui.

– Qu'est-ce qu'il y a encore ?

– Mon Gillou, je dois te parler du cas Radier. C'est Quintana, je...

– Ah non ! Tu ne vas pas recommencer avec ce journaleux, ça fait des jours que tu nous fais suer. D'abord, tu ne fous rien pendant des années, et maintenant, tu ne peux plus t'arrêter de jaqueter à propos de ce type, qui n'a strictement rien fait. Je ne sais pas ce que tu veux me demander, mais c'est non.

– Attends un peu, parce que là, c'est du solide. Je suis allé le voir dans son bureau...

– Et en plus, tu es allé l'emmerder sur son lieu de travail ? Gilles se leva soudainement. Mais tu es fou ou quoi ? Ce type est un danger public, il a fait tomber le leader de la sidérurgie à lui tout seul !

– C'était pas le leader, mais le troisième sur le marché.

– Je m'en fous ! Tu veux qu'il écrive un livre sur la police ou quoi ? T'es con, Zeb, mais t'es con ! Moi, je ne m'approche pas de ce type et toi non plus. Si j'apprends qu'à partir d'aujourd'hui, tu t'es retrouvé à moins d'un kilomètre de ce gars, pour une raison ou pour une autre, si je reçois le moindre coup de fil, tu sautes, tu entends ? Tu sautes !

Une fois la conversation terminée, Zeb monta dans sa voiture et roula à toute allure vers le pavillon de

Saint-Germain-en-Laye. Il arriva vers 22 heures et prit soin de garer sa voiture suffisamment loin. Tout était désert, personne ne l'avait vu arriver. Dans le pavillon, toutes les lumières étaient éteintes. Il était évident que Quintana était sorti. Zeb n'y alla pas par quatre chemins et donna un coup de coude sur une des vitres du salon, qui se brisa aussitôt. Une seconde plus tard, Henri se promenait chez le journaliste, une lampe torche à la main. Il savait très bien ce que cette effraction avait d'imprudent. Il aurait dû soit y renoncer, soit mieux s'y préparer. Mais il n'avait tout simplement pas la patience. Zeb voulait confondre Quintana – et il était certain de trouver une preuve le lui permettant chez lui, pourvu qu'il ait suffisamment de temps pour la chercher.

Vers 23 heures, toujours bredouille, Henri en eut ras le bol et alluma les lumières. La première pensée qui lui vint en voyant l'appartement de Quintana était son vide absolu : pas un livre, pas un magazine, rien qui dépasse. C'était une collection de meubles dernier cri, superbement sélectionnés, assortis et ordonnés. Zeb ne comprenait tout simplement pas. Lui, qui n'avait jamais que deux euros en poche, avait toujours vécu dans un capharnaüm sans nom. Même dans sa chambre d'hôtel où il n'était que depuis quelques mois, les journaux s'empilaient. Chaque coin de la pièce comportait un tas d'objets volés, rattrapés ou retapés, des collections de pilules en tous genres et évidemment, des bouteilles vides. Rien de tout cela ici.

Henri en déduisit que le moindre papier n'en serait que plus visible et important. Une fois les lumières allumées, l'intuition et l'expérience du policier firent le reste. Le journal de Quintana se décomposait en deux cahiers grand format, rangés dans un tiroir de sa cuisine. La nature du document ne comportait aucun doute, dès la première page :

« Après avoir accompli divers actes dont on pourrait alléguer que la morale communément admise les réprouve, j'ai entendu consigner sur le présent document, de manière manuscrite, l'ensemble des évènements de mon existence, cela, de manière chronologique, exacte et précise, afin de pouvoir en conserver une mémoire certaine propre à me rassurer dans les moments de doute sur leur survenance. Le présent écrit est également destiné à m'aider dans ma réflexion sur la question de savoir si mes actions peuvent ou non s'avérer répréhensibles d'un point de vue éthique. Si tel était le cas, alors je m'efforcerais de les compenser dans mon activité professionnelle, en exerçant celle-ci de manière à enrichir ma communauté et en produisant des actions bénéfiques pour le grand nombre, afin d'aider les nécessiteux et ceux dans le besoin, contre les puissants de ce monde. »

En lisant, Zeb murmura : « ha le con, le con ». Il était complètement absorbé par la lecture et dévorait le journal intime page après page. Il découvrait l'ensemble des évènements : la manière dont Quintana avait théorisé son ascension, les circonstances de l'assassinat de Radier, les autres homicides. Henri n'avait déjà aucun doute sur la culpabilité de sa proie. Il disposait désormais de tout ce qu'il fallait pour l'enfermer. Mais s'agissait-il de la bonne solution ? Zeb posa les deux cahiers sur la table de la cuisine et alla s'asseoir sur le grand fauteuil du salon.

Il sortit son portable de sa poche et le regarda. Deux mots se répétaient dans sa tête : faire date. Il suffirait d'un message au Financier. En quelques minutes, Dédé et ses acolytes effectueraient le travail – et on pouvait leur faire confiance sur la qualité de la prestation. Quintana serait découpé en petits morceaux et éparpillé aux quatre coins du pays, pensée qui réjouissait Henri. Choukroune faisait payer une « date » 50 000 euros. Zeb aurait peut-être un prix d'ami, mais cela rehausserait de toutes les façons sa dette dans des proportions encore plus dangereuses. Le jour commençait à se lever. Perdu dans ses pensées, Henri ne fit pas attention au bruit de la voiture qui s'approchait.

8

J'AVAIS rencontré Diane pour la première fois sur un banc du Palais de justice de l'île de la Cité, plus de vingt ans avant toute cette histoire. J'étais un avocat débutant, elle une jeune femme déjà en instance de divorce. Le hasard nous avait placés côte à côte. J'avais immédiatement remarqué sa présence. Elle était jeune, mais paraissait déjà mature – je détestais les adolescentes ou celles qui faisaient mine de le demeurer. Elle avait une distinction naturelle, tout en conservant une forme de chaleur et de sympathie pour autrui. Elle avait de l'humour, mais ne riait jamais à gorge déployée – quelque chose de triste semblait l'empêcher à jamais de se laisser aller à de telles extrémités. Elle n'était pas grande, mais paraissait plus haute que tout le monde. Elle était d'une intelligence et d'une culture jamais prises en défaut, ce qui la conduisait à employer un langage simple et efficace. Bref, elle s'approchait de l'équilibre parfait. J'avais engagé la conversation ce jour-là en faisant ce que je savais faire de mieux : me lamenter.

– Qu'est-ce que je m'ennuie, c'est effarant ! Les gens pensent que la vie d'un avocat consiste à plaider, mais s'ils savaient ! En réalité, on passe notre temps à attendre. C'est long, c'est long !

– Il faut travailler. Ça fait passer le temps, dit-elle le visage rivé sur un article qu'elle lisait patiemment.

– Je perçois en vous la force, le courage émanant de la jeunesse. Le travail, sans relâche, encore et toujours ! Puisque c'est ainsi, je vais faire mon travail d'avocat, c'est-à-dire plaider, oui, PLAIDER, ICI ET MAINTENANT !

Je me levai sans avoir la moindre idée de ce que j'allais bien pouvoir dire. Je la regardai dans l'espoir d'avoir capté son attention et qu'elle relève la tête, mais cela n'était pas encore arrivé.

– Et je vais plaider, par la positive, la question de savoir si une rencontre entre vous et moi doit se produire. D'un côté, nous avons moi – prototype de Juif ashkénaze, métèque parmi les métèques, croisement hybride et inquiétant de diverses contrées oubliées d'Europe de l'Est, mélange improbable entre *Un violon sur le toit*[5] et *Portnoy*[6], jeune mais déjà analysé depuis longtemps, mal grandi et cherchant encore sa place parmi ses semblables, concentré de psychose maniacodépressive mâtinée de paranoïa aiguë, né dans l'argent et la conscience du caractère éphémère de toute chose : voilà pour mon profil socioculturel. C'est simple, c'est rebattu, on sait où l'on crèche. Vous, c'est plus compliqué (elle releva la tête – comme quoi il suffisait de lui parler d'elle). On sent la bonne éducation, pas la noblesse – n'exagérons rien – mais une bourgeoisie catholique classique et traditionnelle, confortable, debout. Il y a la figure du père qui est importante (elle fit une grimace)... ou alors un grand frère ? (elle demeura statique). Oui, disons cela, le grand frère : un individu tragique, intelligent et sensible

---

5. Célèbre comédie musicale de Broadway sur la vie d'une communauté juive russe au début du XXe siècle.

6. *Portnoy et son complexe* est le roman qui a rendu son auteur, Philip Roth, célèbre. Il raconte l'éducation d'un jeune homme issu d'une famille juive de la banlieue new-yorkaise.

mais que la vie a broyé, peut-être à cause de la drogue ou d'une sentimentalité trop vive (elle ouvrit grand les yeux). Il y a eu un drame et, depuis, c'est ce qui cause cette réserve en vous, ou cette forme de discrète retenue. Car vous êtes d'un abord affable et sympathique, mais il y a un seuil que vous ne dépassez jamais. C'est d'ailleurs ce qui justifie votre présence ici, à attendre le prononcé du divorce. Comme vous êtes jeune et belle, on ne peut qu'en déduire que vous vous êtes mariée trop tôt, avec le premier venu qui vous ferait oublier votre histoire familiale. Mais rapidement, l'échec de cette relation vous est apparu de plus en plus inéluctable. Vous avez pris les devants pour un consentement mutuel. Au début, il n'était pas d'accord, il a voulu se battre. Mais assez vite n'a pu qu'accepter la rupture. Où est-il d'ailleurs ? Sans doute au café d'en face, à attendre que vous le préveniez de l'imminence de votre passage chez le juge, pour vous éviter un moment d'attente en commun qui vous serait déplaisant. Et là, vous lisez cet article d'un œil distrait, mais en réalité, une question résonne dans votre cerveau de plus en fort : et maintenant ? Et de manière aussi inattendue qu'inévitable, la réponse est devant vous : je suis là.

Je terminai en courbant l'échine, cherchant des applaudissements dans l'assistance qui n'arrivèrent pas. Elle me proposa tout de même de l'inviter à boire un café une fois l'audience passée. Évidemment, j'avais attendu avec patience et m'étais retrouvé en face d'elle une heure plus tard. Cela m'avait laissé le temps de réfléchir à ce que je pourrais bien lui dire, car il était un exercice assez complexe que de se retrouver en face d'une jeune femme aussi belle, que l'on ne connaissait absolument pas, à lui faire la conversation. C'était à la fois une chance mémorable et une corvée. Bien sûr, je pouvais la blinder de questions pour qu'elle me raconte son existence, ce que j'avais bien l'intention de faire après un moment, mais j'estimais qu'il me fallait une introduction plus mordante, plus ludique. Notre entretien avait commencé ainsi, après que j'eus pris un double café assorti d'un *cheesecake* :

– Imaginez que vous vous retrouviez dans un mariage, à deux heures de Paris, assise à une table où vous ne connaissez personne. Vous savez qu'il va y en avoir pour au moins quatre heures, dans le meilleur des cas.

– C'est déjà horrible.

– Bien sûr, c'est insupportable. Mais bon : c'est le point de départ de ma question. Donc, vous êtes à ce mariage – et votre voisin vous raconte quelque chose. Quel est le sujet dont il doit vous parler pour vous faire fuir ? Le discours où vous direz au bout d'une minute « c'est un enfer, je dois partir tout de suite » ?

J'avais de la chance : ma question l'avait fait rire. Elle se mit à réfléchir en souriant et en dodelinant de la tête, puis embraya :

– C'est une excellente question. Je dirais que je suis hermétique à tout ce qui touche à la science-fiction, à l'espace, aux robots ou je ne sais quoi d'autre encore de ce style. Une conversation où je serais obligée d'écouter quelqu'un me raconter un film de ce genre se rapprocherait le plus de ce que je peux imaginer d'un cauchemar éveillé. Et vous ? Quel serait le discours le plus horrible qu'on pourrait vous faire ?

Je fis semblant de réfléchir mais j'avais déjà ma réponse en tête depuis plus d'une heure.

– Ce serait quelqu'un qui vous dirait : « Je reviens d'un pays africain quelconque, c'était formidable. Là-bas, les gens n'ont rien mais ils ont la générosité du cœur. Ils vous donnent tout ce qu'ils ont. On en revient changé à jamais. » Les gens qui s'extasient devant la pauvreté des autres en leur prêtant des bons sentiments mielleux, ça me rend malade, je ne supporte pas.

Elle me regarda les yeux ronds pendant quelques secondes, avant d'éclater de rire. « C'est vrai que c'est odieux », dit-elle en gloussant pendant un bon moment. Elle recommanda un café, signe que j'avais réussi mon examen de passage. C'était grâce à cela que j'étais parvenu à me distinguer : je l'avais fait rire une minute – et encore, je ne savais pas comment, car à bien y réfléchir, mon histoire n'était pas si désopilante. La journée avait dû être si éprouvante qu'il s'en fallait de peu.

Il s'avéra, après vérification, que j'avais touché plus juste que je ne le pensais en effectuant mon portrait de Diane. En effet, son grand frère était mort dans un accident de voiture quand elle avait 13 ans. Et comme l'on pouvait s'y attendre, elle avait épousé son premier prétendant, un riche fils de famille multi-diplômé et ennuyeux comme la mort. Le fait que je sois tombé à peu près juste à son sujet, complètement par hasard, lui avait donné le sentiment que j'avais une forme de clairvoyance. Cela l'avait incitée à me revoir.

Le lendemain soir, nous allions dîner ensemble dans une grande brasserie du Quartier latin. Nous marchions lentement en sortant du restaurant, lorsque je décidai d'accélérer les opérations :

– Chère Diane, j'ai projeté de tenter de vous embrasser d'ici une soixantaine de secondes environ, afin de bien poser dès à présent que notre relation devait se situer dans un cadre sentimental. Il est encore temps de fuir, il y a des taxis partout.

– Oui, mais j'habite à l'autre bout de Paris, ils vont me charger une fortune.

– Il reste le métro.

– Ça fait tout de même trop de changements.

Nombre d'années plus tard, Diane n'avait pas pris une ride. Elle avait travaillé dans plusieurs galeries, puis musées, au point de devenir une personnalité dans le milieu de l'art moderne. Cela lui avait valu d'attirer l'attention du ministère de la Culture, dont elle était une conseillère désormais ancienne et éminente. Son arrivée au sein de cette vénérable institution avait d'ailleurs été un accélérateur important dans notre séparation. Nous n'allions pas bien depuis un certain temps, mais la honte qu'elle éprouvait lorsque je l'accompagnais dans son milieu avait multiplié les problèmes de manière exponentielle. Il faut bien dire que je ne les supportais pas. Dès que je me retrouvais devant ses collègues, je me sentais obligé de dire des horreurs ou des vulgarités, par bravade.

Le pire avait été atteint lors d'un vernissage dans une galerie du quai Voltaire. Déjà, on pouvait dire que se retrouver dans une occasion pareille et dans un endroit de ce style était le comble du malaise. Mais pire encore : on y célébrait l'œuvre de Waclaw Wojtysiak, étoile naissante de l'art contemporain polonais. Lorsque nous étions arrivés vers 21 heures, je m'étais projeté vers le buffet, laissant Diane faire son travail de *public relations*. Passé vingt minutes, elle s'était mis en tête de me présenter l'artiste. Je m'étais retrouvé devant un type d'une trentaine d'années, portant des baskets et un pantalon moulant bariolé de couleurs diverses, chauve et sans moustache, mais affublé d'une longue barbe pointue. Je savais bien que tout le monde était libre de s'accoutrer tel qu'il le voulait, mais je reconnais avoir failli éclater de rire. L'hésitation avait dû se voir.

– Waclaw, je vous présente Daniel, mon mari. Il est avocat.

– Bonjour, Monsieur, me dit l'artiste dans un français scolaire et appliqué, connaissez-vous bien la Pologne ?

– Oh, comme tout le monde. Quand les Juifs étaient emmenés dans les trains, on sait que les paysans leur faisaient des signes. Alors, on n'est pas bien certain de ce que ça signifiait. Certains disent que c'était un avertissement pour leur dire de ne pas y aller. C'était gentil, quoi. Mais enfin, il faut bien admettre qu'au stade où ils en étaient, c'était déjà un peu tard. Donc, oui, bien sûr, je suis tout à fait familiarisé avec la chaleur du peuple polonais.

Il y avait eu comme un malaise. Nous avions quitté la galerie cinq minutes plus tard. Diane ne m'avait pas dit un mot dans le taxi du retour. Une semaine après, elle avait quitté l'appartement.

9

HENRI était toujours dans l'appartement de Quintana, plongé dans ses pensées. Petit à petit, il sentait comme une douce vague de chaleur sur sa gauche. Un courant d'air chaud : cela lui faisait du bien. Puis, il détecta une odeur de brûlé et sentit un point de lumière sur son côté : il se retourna.

Les deux cahiers contenant le journal intime du journaliste étaient en feu. Quintana se tenait à côté, rangeant un produit dans une armoire et son briquet dans sa poche. Il ne restait déjà quasiment plus rien des cahiers.

« Cher Monsieur Zebrowski, bonsoir. J'espère que vous ne me faites pas grief d'avoir dû intervenir avant de vous saluer. Enfin, après tout, il se trouve que nous nous situons tous deux dans ma propriété, de sorte que la bienséance aurait pu signifier que c'eût été à vous de prendre les devants pour vous présenter en premier, plutôt que l'inverse. Je ne vous en veux pas, d'autant que je présume qu'après avoir découvert, et probablement lu le contenu de ces journaux désormais disparus, vous devez nourrir à mon endroit quelque ressentiment ou souhaits d'ordre négatif. Je crois au contraire que cela pourrait constituer le point de départ d'une série d'échanges fructueux, permettant à chacun d'entre nous de tirer bénéfice de la situation. »

Henri se leva de son siège. Il regardait avec effroi les derniers centimètres carrés des cahiers se volatiliser dans les flammes. Ils avaient été réduits intégralement en cendres – et avec eux les chances de pouvoir arrêter Quintana. En dehors des entraînements, Zeb n'avait jamais eu auparavant à tenir son arme de service. C'était un SIG-Sauer SP 2022. Il le sortit de la poche intérieure gauche de sa veste, dans laquelle il était rangé depuis des années. Henri trouvait son arme très lourde. Instinctivement, il aida sa main droite en plaçant la gauche sous son poignet. Il chargea en quelques secondes et abaissa le levier de sécurité.

Quintana s'approcha lentement :
– Tout doux, Monsieur Zebrowski. Nous n'en sommes pas là, ni vous ni moi. Si vous continuez comme cela, je vais devoir me demander ce que fait la police !
– La police ? Elle tue.

Henri étendit son bras droit, toujours soutenu par sa main gauche. Il visa le torse de Quintana pendant une ou deux secondes, puis pressa la détente. Au moment du tir, il fut projeté vers l'arrière à tel point qu'il faillit en perdre l'équilibre. Henri n'était pas habitué : à vrai dire, il n'avait jamais tiré une balle de sa vie sur qui que ce soit. Ses oreilles bourdonnaient. Il avait cru que son épaule droite s'était démise, même si un rapide coup d'œil le rassura sur le fait qu'elle était encore en place. Quelques secondes passèrent. La fumée devant Zeb se dissipait. Il se remettait du choc et plissait les yeux pour essayer de comprendre ce qui se passait devant lui. Quintana était à terre.

Zeb s'avança lentement pour regarder le résultat. Le journaliste avait été touché au poumon gauche et saignait abondamment. Il était immobile. L'expression sur son visage était celle d'une totale stupéfaction. Il ne comprenait absolument pas ce qui lui était arrivé. Henri se tenait debout devant lui et le regardait. Quintana semblait l'interroger du regard : « Pourquoi as-tu fait cela ? Aide-moi ! Il est encore temps ! » C'est ce que Zeb avait l'impression qu'il lui aurait dit s'il avait pu émettre un son. Henri étendit à nouveau son bras droit vers Quintana. Cette fois, il n'était plus nécessaire de viser ; il s'attendait au choc sur son épaule et l'anticipait. Il vida son chargeur. Puis il laissa tomber son arme sur le corps de sa victime.

À ce moment précis, quelque chose d'inattendu se produisit chez Henri. L'arme avait été lourde et difficile à tenir. En la lâchant, il se sentit léger, infiniment plus léger qu'il ne l'avait jamais été auparavant dans son existence. Il avait la sensation qu'il était proche de pouvoir s'envoler. Une onde de bien-être intérieur le parcourait. C'était un état plus doux et intense à la fois que celui que toute substance aurait été en mesure de procurer – et il les avait toutes essayées. En quelques secondes, son regard changea, de même que sa manière de se mouvoir et d'envisager le monde autour de lui. Il était délesté de tout sentiment négatif. Peine, fatigue, colère, remords : il n'était déjà plus en capacité de les définir, tant cela lui paraissait désormais lointain.

Il avait le sentiment, pour la première fois de sa vie, d'avoir agi en plein accord avec ses idées et sa conscience. Plus rien ne pourrait désormais l'arrêter. Aucun retour en arrière ne serait possible – et c'était tant mieux. Il alla dans la cuisine et se prépara un Malibu Orange avec des glaçons, la boisson préférée de son adolescence. Quintana avait de superbes verres, dans lesquels les blocs de glace faisaient ce bruit si caractéristique en s'entrechoquant, ce qui emplissait Henri de bonheur.

Il s'installa dans le fauteuil en sirotant son cocktail et en inspirant de longues bouffées de sa cigarette.

Henri mesurait très bien que cet instant de félicité ne durerait pas. C'était une raison de plus pour en profiter. Il réalisait également que peu de personnes autour de lui comprendraient son geste. Il se disait s'être sacrifié pour le bien commun. Bien sûr, il serait placé en prison pour un moment. Il porterait à vie la culpabilité liée à son acte : à l'égard de tous, surtout en lui-même. Mais le monde était désormais délivré de Quintana, pour toujours. Cela avait un sens. Henri respira profondément. Tandis que les sirènes commençaient à se faire entendre autour de la maison, il retrouva ce sentiment enfoui dans sa mémoire depuis si longtemps, qu'il n'avait plus ressenti depuis près de quarante ans. Celui que l'on éprouve, écolier, lorsque le professeur vous remet un dix-huit : la fierté du devoir accompli.

Partie III

1

LE 6 MARS 2023, un an jour pour jour après que Zeb eut exécuté Quintana, je me rendis à *La Belle Demoiselle*, lieu choisi par Medhi pour le rendez-vous. Il me fit pénétrer dans un grand bureau situé dans l'arrière-salle, où trônait déjà le Financier, flanqué de ses deux brutes. Je le connaissais de réputation, mais ne l'avais encore jamais rencontré. Je m'assis calmement en face de lui, pendant que Mehdi préparait des boissons pour tous.

– Monsieur Schwartz, votre réputation vous précède, débuta le Financier.

– Mon Dieu, qu'est-ce que j'ai fait de mal ?

– Mais rien du tout, cher ami. Mehdi vous tient en haute estime depuis longtemps – et je l'écoute. J'ai aussi entendu parler de vous par l'une de mes très bonnes amies, Rita. « Un gentleman », c'est comme cela qu'elle vous décrit.

– Vous lui transmettrez mes amitiés, c'est une Dame.

– OK, trêve de civilités. Maître, vous êtes en fin de carrière, je le sais et vous le savez. Je vais vous confier un procès qui va vous remettre en selle. Mais attention, ce ne sera pas facile. Vous ne pouvez pas l'emporter, mais votre mission réelle sera d'un autre ordre : vous assurer que mon nom ne soit jamais mentionné et qu'aucune allusion à mon existence ne soit faite d'une quelconque manière à l'audience. Ce sera ça le plus important. Le reste, à vrai dire, ça m'est égal.

– Cher Monsieur, je vous remercie. Ne vous vexez pas, mais afin de bien comprendre : pourquoi me lancerais-je dans un procès pareil ? J'ai un petit nombre de dossiers, mais je suis très heureux ainsi. Je suis un garçon modeste. Pourquoi me compliquer la vie ?

– Je suis très généreux, Schwartz. Faites ce que je vous dis et vous serez bien payé. Votre avenir sera assuré car je ne manque pas d'affaire à confier. En revanche, ne me faites pas de peine. Je suis très sensible de ce côté-là. Je n'aime pas être triste. D'abord, je pleure, ensuite, je me mets en colère. Croyez-moi : vous ne voulez pas voir ça.

– C'est convaincant.

– Bien. Avez-vous déjà entendu parler de Henri Zebrowski ?

2

LA PREMIÈRE FOIS que je rencontrai mon nouveau client, c'était à la Santé. Globalement, il allait très bien. En raison de sa qualité d'ancien policier, aujourd'hui radié des cadres, il était écroué au deuxième étage, au quartier des personnes dites « vulnérables » – vocable par lequel on désignait la catégorie spécifique des prisonniers qui devaient être séparés du gros des troupes en raison des risques que leur présence engendrait. Il était donc à l'abri, dans une cellule individuelle. Il passait son temps à lire et ne posait aucune difficulté de quelque ordre que ce soit. Lui-même avait l'air de s'y plaire. Auparavant désordonné et anxieux, Zeb était désormais très organisé. La prison lui avait offert le cadre dont il avait besoin.

Il était parfaitement serein. Il raconta son histoire sans retenue, mentionnant les détails pertinents, sans rien omettre, ni porter aucun jugement de valeur. Il avait gardé tous les faits en mémoire, aussi bien concernant son parcours que celui de Quintana, dont il avait connu toute l'existence en lisant son journal. Il parlait de tout cela comme si cette histoire était arrivée à quelqu'un d'autre, ce qui était d'une certaine manière exact, car cet acte l'avait transformé. L'échange entre nous fut d'emblée facile et respectueux. Nous nous entendions de manière simple et fluide. Je lui avais très vite indiqué avoir été mandaté par le Financier ; il m'a rassuré tout de suite en me certifiant que celui-ci n'était à aucun moment mentionné dans la procédure et qu'il ne l'évoquerait pas.

Lors de notre quatrième rencontre, j'abordai ce qui était selon moi la question la plus difficile pour Zeb :

– Mais enfin, pourquoi avez-vous tiré sur Quintana ? Qu'est-ce qui vous a pris ?

– C'est difficile à comprendre, même pour moi, vous savez.

– Faites un effort.

– D'abord, il le méritait. Ce type était un tueur de sang-froid. Il allait recommencer, c'était sûr. Il fallait l'en empêcher, mais je n'avais plus de preuve. Et personne ne pensait qu'il avait quoi que ce soit à voir avec le meurtre de Radier, donc je n'avais plus aucun moyen de l'inculper. Moi, de toute façon, ma vie consistait à rembourser le Financier. Je lui devais tellement d'argent que je n'y serais jamais arrivé, il aurait fini par me liquider. Donc, autant utiliser le temps qui me restait. Et en plus, maintenant, le Financier n'en a plus rien à faire de ma dette, il me laisse en vie.

– Ça, vous n'en savez rien. Peut-être qu'il attend que vous sortiez.

– Vous plaisantez ? S'il y a bien un endroit où le Financier est en mesure de m'avoir à la seconde où il l'aura décidé, c'est ici. Il me fait souvent passer des messages pour vérifier que je vais bien. Il a même fait jouer un ou deux leviers pour que je sois traité correctement. Donc pour moi, c'est une opération gagnante à tous les niveaux. Je suis en vie, j'ai fait quelque chose d'utile et je suis bien ici. Cela n'a pas d'importance si je prends perpète. Je ne dis pas ça pour vous, je suis certain que vous me défendrez bien, mais vous ne pouvez pas empêcher l'inévitable.

– Rien n'est inévitable, on ne sait jamais ce qui va arriver.

– De toute façon, j'ai avoué devant mes anciens collègues bien-aimés. Et j'avouerai devant le tribunal.

– Ah non ! Certainement pas !

Je ne sais pas pourquoi je me suis emporté à ce moment précis. Je ne connaissais pas grand-chose au droit pénal, mais l'idée que Zeb reconnaisse quoi que ce soit de criminel me paraissait, d'instinct, contre nature. Il semblait désarçonné par ma réponse, qui allait de manière manifeste à l'encontre de tout ce qu'il avait pu prévoir.

– Mais qu'est-ce que je vais dire si on m'interroge ? J'ai déjà donné toute la vérité. Moi, ça ne me dérange pas de révéler que j'ai tué Quintana. J'en suis fier. Je pense sincèrement que c'est une bonne chose.

– Vous vous rappelez Guy Mardel ? C'était un chanteur des années 60. Son tube s'appelait *N'avoue jamais.* Certes, il ne parlait pas vraiment d'une procédure pénale, mais son message demeure pertinent ici, croyez-moi. Dans un procès, il ne faut jamais confesser qu'on a fait quelque chose de mal. Jamais ! Même si la pression est terrible, même si c'est difficile, même si tous les indices rendent le crime évident, n'avouez pas !

– Je ne comprends pas pourquoi, puisque c'est si évident. On ne va pas penser que je suis en plus de mauvaise foi ?

– Cela n'a aucune importance, on pense déjà que vous êtes un tueur. Ce qui est important, c'est le doute. On ne sait jamais. On vous a retrouvé à côté du cadavre ? C'était pas moi ! Vous aviez un revolver dans la main ? C'était pas moi ! L'arme était encore fumante de la balle que vous veniez de tirer ? C'était pas moi ! C'est simple, non ? Dites que vous étiez ailleurs quand Quintana est mort, dans une autre pièce de l'appartement, je ne sais pas, mais pas avec lui.

– Et si on me confronte à mes aveux donnés sur le PV ?

– C'est très simple : vos anciens amis ont fait pression sur vous pour vous faire avouer. On ouvrira un contre-feu en faisant le procès de la police, ça leur fera beaucoup de bien, vous verrez. Alors, vous me promettez que vous n'avouerez pas ?

Zebrowski attendit un long moment avant de me lâcher un « je vous le promets », qui n'était pas très convaincant. Il ajouta aussitôt : « Mais à mon sens, le mieux serait encore de réussir à démontrer que c'était Quintana qui avait tué Radier. Au moins, les gens comprendraient pourquoi j'ai agi comme je l'ai fait. Le seul problème est qu'il n'y a plus aucune preuve là-dessus. Je n'ai aucune idée de comment on pourrait réussir à le démontrer. »

J'étais, sur ce dernier point, encore plus pessimiste que sur le reste. Il me paraissait évident que nous n'arriverions pas à trouver des preuves permettant d'accabler Quintana *post mortem* – ou même de faire naître un doute à son sujet. Tous les collègues de Zebrowski avaient été persuadés qu'il faisait fausse route en s'intéressant au journaliste. Vu d'ici, on ne pouvait pas leur donner tort : il n'y avait aucun indice à ce sujet.

Toute l'action d'Henri avait consisté à suivre l'intuition, ou la révélation, qu'il avait ressentie. Par miracle, il avait vu juste. Mais qu'en aurait-il été dans le cas contraire ? Si on cherchait à leur expliquer, les jurés ne retiendraient qu'une seule information : Zebrowski avait tué Quintana parce qu'il avait senti une impatience dans les jambes. À qui s'en prendrait-il s'il était de nouveau libre ? Un serveur de restaurant trop lent ? C'était tout sauf rassurant.

Non : Zebrowski avait certes eu une bonne raison de tuer Quintana, mais je ne pourrais pas en parler lors du procès. Il restait à trouver ce que j'allais bien pouvoir dire à la place, ce dont je n'avais, à ce stade, pas un début d'idée.

En sortant de la prison, mes pensées quittèrent Zebrowski pour des perspectives bien plus égayantes. Je devais retrouver Diane chez moi pour lui rendre un livre. Il faut préciser à ce stade que, depuis ce dîner macabre avec Rita, Diane, Thomasson et moi avions pris l'habitude de nous voir en *triumvirat*, souvent à dîner. Je leur avais raconté au bout de quelques semaines m'être séparé de Rita, ce qui nous avait conduits à nous revoir sans elle. Nous avions découvert que l'on s'amusait plutôt bien dans cette configuration tripartite. Au fur et à mesure, j'avais abandonné mon plan de retrouver Diane. Pourquoi ne pas simplement tenter de profiter des moments que nous passions tous les trois ?

Diane devait récupérer un exemplaire de *Subway*, livre de photographies de Bruce Davidson, dont elle avait besoin pour effectuer des illustrations. Inutile de vous dire que j'ai fait tout mon possible pour en profiter afin de l'attirer chez moi. Je revins de la Santé à 18 heures, soit une heure avant le moment précis où elle devait sonner à ma porte pour reprendre son livre. Se posait alors l'une des questions les plus graves et sérieuses pouvant survenir dans la vie d'un homme : comment disposer son appartement en vue de l'arrivée de l'être aimé ? Il fallait penser à tout :

• D'abord à la propreté ; l'individu de sexe féminin avait cette singularité de ne tolérer aucune faille à ce sujet, contrairement à leurs vis-à-vis masculins ; il fallait bien reconnaître que mon salon était celui d'un quinquagénaire vivant seul ; je laisse chacun imaginer ce que cela peut impliquer ; mon premier travail a donc consisté à m'occuper des poubelles, du lit, des coussins ; j'ai même passé l'aspirateur, dont je ne me rappelais plus le mode de fonctionnement, tellement son dernier usage était ancien.

• Ensuite l'odeur ; à titre personnel, je ne sentais rien, mais j'étais certain que n'importe qui entrant chez moi serait envahi d'odeur de cigarettes, de cigarillos, d'alcools divers ; je descendis vite fait m'acheter un désodorisant que je choisis « saveur vanille ».

• Puis, il fallait passer à ce que l'on appelait « l'ambiance » : d'un point de vue culturel, Diane était exigeante ; sans le dire, elle faisait attention aux livres et aux disques qui étaient exposés chez les gens ; je laissai traîner quelques magazines bien choisis (rien de politique) ; et je m'attaquai au plus important, l'atmosphère musicale ; j'hésitais entre deux optiques ; la première aurait été de choisir un disque ambient à la Brian Eno, pour diffuser une nappe légère et bienveillante, quelque chose de rassurant ; ainsi, j'enverrais un message du style « bienvenue dans mon havre de sérénité » ; ou alors je pouvais opter pour *La Firme* de Dave Grusin, qui enchaînait les morceaux de blues au piano solo ; l'impression donnée serait légèrement différente : « Ça swingue chez moi ; regarde comme je n'ai pas besoin de toi pour être heureux » ; après réflexion, Brian Eno me paraissait un peu trop sérieux. De surcroît, Diane et moi avions découvert *La Firme* ensemble un soir en vidéo. Je doutais qu'elle reconnaîtrait la musique ou, à supposer que cela soit le cas, qu'elle saisirait le souvenir que je lui communiquerais par message musical. Au pire, ce serait une référence que je m'adresserais à moi-même. Allez : ce serait *La Firme*.

• Enfin, le plus important : où placer le livre qu'elle venait chercher ? L'erreur à ne pas faire aurait été de le poser dès à présent sur la table du salon. Cela aurait voulu dire, d'une part, que je ne pensais qu'à cela (puisque j'avais déjà pris la peine de le retrouver) et, d'autre part que son passage durerait quelques secondes seulement, (puisqu'elle le trouverait aussitôt arrivée). Non, il fallait le laisser dans la bibliothèque de ma chambre, pour qu'elle puisse s'installer dans le salon une minute. Ouf, c'était terminé. Je m'effondrai sur le canapé un instant pour me reposer après tous ces efforts. Je regardais autour de moi, humai l'air : tout m'avait l'air à peu près correct.

À 19h30, elle n'était toujours pas arrivée. Je commençais à en avoir ras le bol d'attendre. Je ne pouvais pas même allumer la télévision pour voir des bêtises, j'aurais eu trop honte devant elle. Je demeurais donc statique et étais obligé de remettre plusieurs fois le disque depuis le départ. À 19h40, la porte sonna. Lorsque je l'ouvris, je compris immédiatement qu'elle était d'une humeur de chien.

– Mon Dieu, baisse la musique, s'il te plaît, le temps que je suis là, j'ai un mal de crâne insupportable ; ne t'en fais pas, je ne reste pas longtemps.

– Mais tu peux t'asseoir une minute si tu ne te sens pas bien.

– Seigneur, mais qu'est-ce que c'est que cette odeur ? Ça pique le nez, j'étouffe, ouvre la fenêtre, s'il te plaît, c'est odieux ; mais comment peux-tu vivre là-dedans ?

– Mais je ne sens rien du tout.

– Ha si ! Ça sent, tu peux me croire, je n'arrive plus à respirer ! Et puis, ça mériterait un bon ménage ici.

– Assieds-toi une seconde, je peux te servir un verre de blanc, si tu veux.

– Jamais, merci (s'asseyant sur le canapé en gardant son manteau), tu sais bien que j'ai le vin en horreur, blanc, rouge, bleu ou vert, je déteste ça. Tiens, tu lis *Beaux-Arts Magazine*, toi ? Je pensais que tu en étais resté à *Spiderman*. Merci d'avoir baissé, mais franchement, si tu peux enlever la musique complètement je préférerais. Ah, mais attends ! Je le vois mon livre, il est dans ta chambre ! Ne bouge pas, je vais le chercher.

Alors que j'essayais de comprendre ce qui se passait, elle fila chercher son exemplaire de *Subway*. Puis, elle m'adressa une tape sur l'épaule, me dit au revoir et s'en alla. J'étais encore avec une carafe d'eau dans la main pour lui en servir. Le moins que l'on puisse dire était que cette entrevue avait été un franc succès.

3

J'ÉTAIS très pessimiste sur la capacité que l'on pourrait avoir à convaincre un jury que Quintana était l'assassin de Radier – *a fortiori* de leur faire comprendre que l'homicide relevait chez lui d'un passe-temps occasionnel. La meilleure preuve avait disparu. Mais surtout, le principe même de la démonstration provoquerait une résistance instinctive : le journaliste, de fait, n'était plus là pour se défendre. Je savais que, pour cette seule raison, un jury répugnerait à l'accabler.

Mais je ne voulais pas que Zebrowski soit amené à souffrir d'un *a priori* de ma part. Après tout, je pouvais très bien me tromper, hypothèse d'autant plus plausible que je ne connaissais rien au droit pénal. Ce n'était certes pas à mes compétences que je devais être digne d'avoir été choisi pour intervenir dans cette affaire. Je préférais donc investiguer pour voir ce qu'il en était. Une rapide recherche résolut la question : le meurtre de Radier avait été attribué à Guillaume Touboux. C'était un vagabond qui avait déjà avoué deux autres meurtres. Gilles, le supérieur de Zebrowski qui avait pris la charge de l'enquête, avait constaté que Touboux avait dormi plusieurs jours à proximité du domicile des Radier, à peu près à l'époque du meurtre. Il n'en avait pas fallu plus : à ce stade, quelle différence ? Touboux avait reconnu les deux autres meurtres pour lesquels il avait été inculpé, mais pas celui de Radier. Cela n'avait ému personne, d'autant que, pour ce que j'ai compris, le simple fait de chercher à comprendre une phrase émise par Touboux demandait déjà une grande patience et beaucoup d'efforts. Ainsi, il avait été défendu par un jeune avocat qui n'avait pas dit trois mots à son procès, puis condamné à la perpétuité pour les trois meurtres, celui de Radier compris. Pour une Cour d'assises, accepter que Quintana avait tué Radier serait donc revenu à affirmer que la condamnation de Touboux aurait été injuste. Une telle hypothèse relevait de la science-fiction. Je devais abandonner toute idée d'imputer le meurtre de Radier à Quintana.

Il me restait à enquêter sur Metallotech. Peut-être l'enquête effectuée par le journaliste était-elle critiquable ? Je ne savais pas si cela pourrait être un angle dans ma défense, mais je partis à la pêche. Là aussi, ce n'était pas facile. À cause du scandale, l'entreprise avait changé et s'appelait désormais *Superbiosteel*. Toute sa communication, de la charte graphique aux publicités télévisées, avait été revue de fond en comble. Un esprit distrait n'aurait jamais pu penser qu'il s'agissait de la même société, composée des mêmes salariés et vendant le même produit. Avant, on comprenait que Metallotech était dans la sidérurgie. Désormais, on voyait que *Superbiosteel* faisait... on ne savait pas trop quoi, mais c'était écologique.

Tout le personnel de direction avait été renouvelé. Les nouveaux arrivants avaient vingt ans de moins, des lunettes rondes et colorées, des chemises un peu ouvertes sans cravate, et s'appelaient par leurs prénoms. Je regardai une vidéo sur Internet, où la nouvelle équipe était présentée devant un public lobotomisé. On ne comprenait pas quelle personne avait quelles fonctions, ce qui était sans doute volontaire afin de donner le sentiment que le principal était qu'ils y arrivent « tous ensemble ». L'un d'entre eux, qui semblait tout de même être « l'animateur » du collectif, prononçait une sorte de discours pour galvaniser l'assistance : « Viens, Jean-Pierre ! Toi aussi, Nicolas ! Nous avons tous besoin les uns des autres pour y arriver ! » Je ne voyais pas ce que je pourrais en obtenir.

Le soir, j'invitai Fournier à dîner, qui déprimait en raison de la fermeture imminente du *Prométhée.* Pour le distraire, je lui fis découvrir chez moi *Le Loup de Wall Street* de Martin Scorsese, qu'il n'avait jamais vu. L'histoire était celle de Jordan Belfort, un jeune *trader* qui, pendant les années 80, fit fortune en créant, avec des amis, une entreprise financière multipliant les activités illégales. À la fin, arrêté par le FBI, il devait choisir entre être incarcéré, ou sauver sa peau en dénonçant ses compagnons de route. Mais lui, qui avait pourtant démontré une exigence éthique très pauvre depuis le début du film, refusa de balancer ses complices. Ce reste de moralité qui subsistait en Belfort serait la cause de sa chute.

Fournier fut enthousiasmé par le film et m'en fit toute une analyse dans le contexte de l'œuvre du réalisateur :

« Chez Scorsese, c'est toujours pareil. Tous ses personnages ont le même dilemme : est-ce que je dois sauver ma peau en dénonçant mes amis ? *Les Affranchis,* c'était déjà ça. Henry Hill, le personnage principal, se définit depuis son enfance comme un membre de son quartier et de son milieu – et il finit par donner tout le monde pour survivre.

Dans *Les Infiltrés,* le mouchardage devient même un schéma global de fonctionnement du monde : le héros, interprété par Leonardo DiCaprio, est un flic infiltré qui renseigne ses supérieurs sur les activités d'un gang de mafieux. Le méchant, Matt Damon, est au contraire un truand infiltré au sein de la police, qui informe son chef des enquêtes en cours. À un moment, on comprend que même le patron des gangsters est un informateur du FBI. Tous les personnages du film sont obsédés par l'idée de trouver « la taupe », « the rat » en anglais. À la fin, il y a ce plan symbolique d'un rongeur devant le Capitole.

Mais chez Scorsese, ça va plus loin encore. *La dernière tentation du Christ*, son film ultime sur la religion, ne parle que des liens entre Jésus et Judas, le seul de ses apôtres avec lequel il a une vraie relation. La question de la trahison et de la dénonciation, chez Scorsese, c'est biblique en fait ! »

Fournier avait raison. Mais la thématique était loin, dans le cinéma américain, de se limiter à ce réalisateur-là. Quel était le nom d'un des premiers succès de John Ford, en 1935 ? C'était *The Informer – Le Mouchard*, en français. En discutant, Fournier et moi tracions une ligne droite depuis les premiers grands succès américains, jusqu'à aujourd'hui, dans laquelle on retrouvait tous les grands films où ce type de dilemme avait été abordé : *Serpico* de Sidney Lumet (faut-il dénoncer ses collègues policiers qui acceptent des pots-de-vin ?), *Wall Street* d'Oliver Stone (faut-il dénoncer son mentor qui a commis des activités financières illégales ?), *Casualties Of War* de Brian De Palma (faut-il dénoncer un soldat héroïque qui vous a sauvé la vie, parce qu'il a commis un acte impardonnable ?).

J'essayais de comprendre où tout cela nous emmenait :

– Alors quoi ? Ça signifie que pour les Américains, toute personne, qui divulgue une information ou qui la rend publique, est forcément un salaud ?

– Bien sûr que non, me répondit Fournier, qui avait manifestement réfléchi au sujet, ce n'est pas aussi simple. Disons qu'il faut faire la différence entre d'une part les mouchards, les indicateurs, les véreux, et d'autre part ceux qui révèlent une vérité utile par courage. Le cinéma américain, c'est la lutte entre l'homme et la machine. Et pour eux, l'État, les médias, tout cela peut participer de l'idée de machine. Donc, soit tu aides la machine, et dans ce cas, tu es un salaud. Soit tu te bats contre elle, et dans ce cas, tu es valeureux. Regarde *The Insider* de Michael Mann. Tu te rappelles ce film ?

– Là, tu deviens franchement insultant.

– Pardonne-moi, Daniel, dit-il en reprenant du whisky. Alors Russell Crowe, là-dedans, a des informations importantes à donner au public sur l'industrie du tabac. Mais il ne peut pas le faire, parce que la machine lui interdit de parler. Ici, la machine, ce sont les grandes compagnies américaines, les avocats et surtout les médias. Alors que fait Russell Crowe ? Il s'exprime quand même. Il défie tout le monde. Et dans ce cas, c'est lui, le lanceur d'alerte qui a du courage et qui a raison. En revanche, si le protagoniste utilise les médias pour son intérêt personnel, ou s'arrange avec la vérité, alors il bascule du côté de la machine, et donc du mal. Regarde par exemple *The Harder They Fall* avec Bogart. Donc, tu vois, tout cela est nuancé en réalité.

Fournier partit tard. Je le pris dans mes bras un instant avant qu'il ne s'en aille, car je savais qu'il était malheureux. Je repensais à notre conversation en cherchant le sommeil. Cela se mélangeait dans ma tête avec mon travail et le procès de Zebrowski qui approchait. Je retenais que les informateurs se divisaient en deux ensembles : d'un côté, les corrompus et, de l'autre, les courageux. Que se passerait-il si un membre du premier groupe se présentait comme appartenant au second ?

4

CLAIRE travaillait sur trois reportages à la fois, qui devraient passer en début de soirée la semaine suivante. Pour les besoins de l'un d'entre eux, elle était assise ce jour-là devant son bureau, à devoir engloutir un gros livre dénommé *Inspirantes*, sur lequel on pouvait discerner les photographies de Simone Veil, Gisèle Halimi et Jane Fonda. J'essayais d'effectuer, dans le peu de temps que j'avais, une enquête éclair sur Quintana. Cela m'avait conduit dans les locaux de la chaîne d'information sur laquelle il était intervenu. On m'avait donné l'autorisation de solliciter Claire quelques minutes, ce qu'elle avait également accepté. Le procès à venir était médiatique, de sorte qu'un échange pouvait éventuellement s'avérer intéressant pour chacun. Après avoir toqué à sa porte, je débutai du tac au tac :

– Alors, cela vous inspire ?

– Pour être franche, cela aurait plutôt tendance à m'aspirer, dans un profond sommeil, s'entend. Mais je dois me le cogner pour mon travail.

Sans être chaleureuse, elle s'avérait très cordiale et surtout, d'un grand professionnalisme. Alors que j'étais à l'initiative de notre entretien, tout se passait comme si c'était elle qui m'interviewait. Pourquoi Zebrowski avait-il commis son acte ? Quels arguments allais-je déployer ? Je tentais d'esquiver comme je le pouvais.

Puis, elle fit dériver la conversation sur des éléments plus personnels :

– Je me suis renseignée à votre sujet. Vous étiez une sorte de sommité dans votre domaine il y a quelques années. On a l'impression que vous avez bifurqué. On entend plus trop parler de vous dans la profession. Qu'est-ce qui vous est arrivé ?

– Je pourrais vous servir un baratin, du style « j'ai voulu donner une autre orientation à mon parcours ». Mais à mon avis, sous la surface, vous avez l'air honnête et sensible. Cela mérite une vraie réponse, si elle reste entre nous. La réalité est que si la vie est, par nature, un terrain accidentogène, la mienne est désormais une zone sinistrée. Il y a une dizaine d'années, j'ai à la fois divorcé et perdu mon client principal, à six mois d'écart. Depuis, je rame.

– Ah bon ? Mais pourtant, ça n'est rien du tout. Une femme, un client, ça va ça vient, on peut en retrouver. Vous n'auriez pas une légère tendance à vous lamenter sur votre propre sort, Monsieur Schwartz ?

– Au contraire, j'avais l'impression de vous avoir raconté ma vie dans la sobriété, mais avec suffisamment de pathos contenu pour vous émouvoir. Je me trouvais juste dans le bon dosage et maintenant, vous me faites douter.

Elle avait ce que je dénommais, sans ironie, un très gentil rire : franc et dépourvu de la moindre moquerie. On avait l'impression que cela lui était rare et qu'elle était reconnaissante à son interlocuteur de l'avoir provoqué. Maintenant que la conversation était plus sympathique, je l'interrogeai sur sa rencontre avec Quintana.

– On s'est plu, je crois, assez vite. Sur le moment, on ne s'est pas beaucoup parlé, mais il m'a invitée à dîner tout de suite.

– Comment cela s'est-il passé ?

– C'était très bizarre. Pendant tout le dîner, il avait l'air d'avoir la tête dans les nuages. Je lui racontais ma vie pour meubler, mais il n'écoutait pas vraiment. Je trouvais que ce côté « dans la lune » avait du charme. Et puis à la fin du dîner, je me suis rendu compte que c'était autre chose. Il a provoqué un esclandre avec un serveur, sans que je comprenne pourquoi. Quand je l'ai vu en colère, je ne lui ai plus trouvé de charme du tout, j'avais l'impression qu'en réalité, il était quelqu'un d'autre. Il m'a presque fait peur. Je suis partie tout de suite et je ne l'ai plus revu. C'était un drôle de type.

J'admirais assez l'intelligence dont Claire avait su faire preuve. J'identifiais en elle de nombreux points communs avec Diane. Nous étions convenus d'échanger nos coordonnées pour rester en contact, dans l'hypothèse où l'évolution du procès rendrait nécessaire que l'on se revoie.

Lorsque je me levai, elle me posa une dernière question :

– J'ai entendu que votre client a descendu Quintana, parce qu'il le suspectait d'un meurtre sur lequel il enquêtait. C'est vrai ou non ?

– Bien sûr que non.

– Ouf ! Merci, je préfère ça.

5

J'ATTENDAIS Diane et Thomasson à la *Rotonde.* Attablé avec vingt minutes d'avance, j'étais angoissé par la proximité de l'audience qui devait avoir lieu quelques jours plus tard. Il y avait peu de monde ce soir-là, ce que je préférais. On pourrait s'entendre. Ils arrivèrent ensemble, mais tous deux l'air renfrogné, on comprenait assez vite qu'ils avaient eu une vive discussion peu de temps avant.

– Ça ne va pas, vous deux? demandai-je benoîtement.

– Elle veut me traîner voir une soi-disant performance d'un artiste ouzbek. Moi, ça me fait suer; c'est samedi soir, je n'irai pas!

– Ha, c'est gratifiant, bravo, Richard. Moi qui pensais être avec quelqu'un d'un certain niveau, vociféra Diane.

– Mais enfin, poursuivit Thomasson, le type se fait couper des mèches de cheveux par le public, ensuite il enlève ses vêtements et se recouvre le corps de scotch. Je veux bien tout ce qu'on veut, mais tout de même, je suis un garçon rationnel, j'ai besoin de comprendre.

Je les arrêtai net: « Les amis, je ne souhaite pas diminuer l'importance de votre controverse, mais je vous rappelle que j'ai un procès dans quelques jours. Vous savez, l'affaire dont je vous ai parlé la dernière fois? Eh bien, je n'ai pas un début d'idée de ce que je vais plaider. Rien: c'est la panne sèche. J'ai besoin de vous.

Alors, s'il vous plaît, mettez-la en veilleuse, parce qu'à la fin de cette entrecôte, je dois savoir ce que je vais dire. »

Diane me répondit avec détermination : « Au dessert, ce problème sera résolu, je te le promets. »Puis, Thomasson et elle passèrent le repas à se chamailler sur la manière de qualifier la représentation de l'Ouzbek. Est-ce de l'art ? Ou n'en est-ce pas ? C'était la controverse du soir. Diane était particulièrement en forme et acérée :

– Ce n'est pas à toi de décréter ce qui est de l'art ou ce qui ne l'est pas. L'art, c'est ce qui est inutile, c'est tout, c'est comme ça. Désolée si certaines formes artistiques te dépassent, mais ce type de représentation existe précisément pour te faire réfléchir et évoluer.

– N'importe quoi ! Tu te prosternes devant des escrocs, en donnant le label d'artistique à des choses, je n'ai pas d'autre mot, qui ne le méritent pas. L'art, c'est une exigence, c'est du travail, pas une performance à la noix. *Barry Lyndon*, c'en est. *Kind Of Blue*, c'en est. Mais couper les cheveux de ton imbécile d'Ouzbek, c'est de l'imposture. Un peu de bon sens !

Le temps aidant, j'avais fini par bien aimer Thomasson. J'avais voulu le voir au départ comme une sorte de *yuppie* pour mieux le détester. En réalité, il avait un côté lourdaud un peu attachant. Cela m'amusait de le voir se débattre contre Diane. J'avais beau être toujours ébloui par elle, personne ne savait mieux que moi à quel point elle pouvait être exigeante et difficile. Cela nous unissait, Thomasson et moi. Le dessert arriva. J'entamai ma crème brûlée. Diane partit fumer une cigarette et m'affirma en se levant : « Tu peux être certain qu'à mon retour, ta plaidoirie sera écrite. »

Pendant quelques minutes, je restai seul avec Thomasson, qui attaquait son deuxième whisky.

« Mon Dieu qu'elle est emmerdante. J'en peux plus. » Il s'effondra à moitié sur la table. « Je l'aime bien mais qu'est-ce qu'elle est gonflante. C'est tous les jours comme ça. Je ne peux plus regarder cinq minutes un match de foot sans avoir droit à un discours de réprobation. L'autre jour, je voulais regarder une comédie française à la télé, mais je n'ai même pas osé le dire. J'étouffe. Elle me rend dingue. Je la trompe dès que je peux pour tenir le coup. Toi qui connais des maquereaux et des putes, tu n'aurais pas un numéro à me donner ? »

J'écoutais, avec un air de compassion, cette plainte censée justifier l'adultère. Mais il était certain que tout cela n'était pas tombé dans l'oreille d'un sourd. Mon cher Thomasson, tu ne savais pas à qui tu parlais – pas vraiment. Je repensais au plan que j'avais fomenté un an auparavant – et depuis laissé tomber. Et si mon idée n'était pas si idiote que cela, mais avait juste pris un peu plus de temps que ce que j'avais pensé au départ ? Je ne savais pas quoi répondre, mais cela n'avait pas d'importance. L'essentiel était là : Thomasson était infidèle. Il avait eu l'extrême imprudence de me le dire. J'étais désormais détenteur d'une information capable de pulvériser l'ascendant de mon rival. Il restait à savoir quand et comment la mettre à profit.

Diane revint d'un pas déterminé, s'assit et démarra :

– Tu vas réduire sa peine, voilà comment.

– Je t'écoute.

– Les gens de justice, les avocats, les juges et les procureurs sont tous des cons. Désolée Daniel, mais c'est vrai. On est d'accord ? interrogea-t-elle sans avoir vraiment besoin qu'on lui donne la réponse.

– Les comptables sont des cons, dit Thomasson en se réveillant et en levant le doigt. J'en ai au téléphone tous les jours et je peux l'affirmer avec certitude.

– Puisqu'on en est là, ajoutai-je, les conseillers bancaires sont des cons.

– Ah bon ? Pourquoi ? demanda Thomasson.

– Laisse-moi t'expliquer...

– Ça suffit ! interrompit Diane, nous ne sommes pas là pour lister toutes les professions peuplées d'imbéciles. Je reviens à mon propos. Les gens de justice sont des cons parce que c'est un milieu épouvantable. Je ne vois pas comment on peut s'épanouir là-dedans.

– Admettons, dis-je. Et où ton excellent constat nous mène-t-il ?

– Eh bien, c'est simple : comment un imbécile va-t-il argumenter l'accusation à l'encontre de ton policier ? C'est cela le sujet. Quelqu'un d'intelligent dirait : « Il a assassiné Quintana, c'est évident. On ne comprend pas pourquoi il l'a fait, mais il l'a fait. Il est donc dangereux. Condamnez-le. » Tout simplement parce qu'il n'y a rien d'autre à en dire. Ça se plaide en deux secondes, on est d'accord ?

– Jusque-là, ce que tu dis se tient, dis-je en regardant Thomasson, qui plissait les yeux en essayant de suivre en dépit du brouillard qui se répandait dans sa tête.

– Mais on va tabler sur le fait que le procureur, dans ton procès, ne sera pas intelligent. Donc, que va-t-il faire ? Il va vouloir aller au-delà, pour charger ton client afin qu'il prenne la peine la plus importante possible. Et si l'on admet cela, alors il n'y a pas quinze solutions : soit il va dépeindre ton flic comme une abomination, en expliquant que c'est le mal incarné, soit il va dépeindre Quintana comme un martyr. C'est l'un ou c'est l'autre, il n'y a pas d'autre issue envisageable.

Thomasson était abattu. Il attendait que tout cela se termine. En revanche, je comprenais très bien ce qu'expliquait Diane, qui m'impressionnait. Elle continua :

– À partir de là, tout est simple. Le procureur ne chargera pas ton client, en tout cas, pas trop. S'il dépeint ton Zebrowski comme un frappadingue, alors c'est l'institution qu'il risque de mettre en cause, par ricochet. Et cela, il ne le fera pas. Il ne lui restera donc qu'une solution : expliquer que Quintana était la huitième merveille du monde. Il va caricaturer, en faire trop, et cela te donnera l'occasion de rebondir.

– Le problème est que je ne pourrai jamais expliquer que Quintana était lui-même un assassin dangereux. Je n'ai aucun élément pour rebondir, comme tu dis.

– Je sais que tu ne peux pas parler de ce qu'il a fait au syndicaliste. Mais il n'y a pas que cela. Tu vas devoir expliquer pourquoi ce type était une ordure, uniquement sur la base de son bouquin et de ses interviews. Et il y a de quoi. Qu'est-ce que c'est que cet hypocrite insupportable qui fait la leçon à tout le monde, avec de la « moraline[7] » plein la bouche ? De quel droit ? En réalité, il a fait beaucoup de mal à beaucoup de gens, rien qu'avec son bouquin – et cela, de manière parfaitement illégitime. La voilà, ta plaidoirie. Ce procès, ce sera la personnalité de la victime, pas celle de l'accusé.

– Pardon, mais ce que tu dis repose sur de très nombreux aléas. Et surtout, la thèse que tu me proposes d'avancer est tout simplement indicible. Quintana a écrit un mauvais bouquin, donc on peut lui en envoyer une dans le buffet ? Je sais que la culture, c'est important pour toi, mais tout de même, il y a des limites. Les juges ne marcheront jamais. Et si toi, tu penses que ce qu'a fait Quintana a été dommageable, la plupart des gens admirent ce type. En en faisant un panégyrique, le procureur va marcher sur du velours. Il avance dans le sens du vent.

---

7. Terme désignant initialement la morale chrétienne, aujourd'hui employé pour critiquer un discours considéré comme moralisateur.

Elle ne répondait rien et regardait son assiette. Je poursuivis :

– Tu n'aimes pas les accusateurs ? Tu penses que le livre de Quintana a été dommageable ? Moi aussi évidemment. Mais réveille-toi : j'ai 54 ans. Toi 49. Tu ne les fais pas, mais je sais que tu les as. En d'autres termes : nous sommes complètement dépassés. Tes valeurs, tes principes, tout cela n'existe plus. Si je te suis, je vais plaider dans le vide. Voilà ce qui va se passer.

– Daniel, tu me fatigues. Ne deviens pas un vieux réactionnaire à la con. Ce discours sur la disparition des valeurs, j'en ai ras la casquette. Change de disque. Ensuite, je sais bien que mon idée ne repose pas sur grand-chose. Mais c'est ta seule chance. C'est ça ou rien. Soit tu arriveras à démonter Quintana aux yeux du jury, et cela t'ouvrira une minuscule fenêtre pour que la peine du flic soit un peu moins importante, soit tu t'en prendras plein la figure. C'est mathématique. Et pour te prouver que j'y crois : je serai là. Et je t'écouterai.

Nous ramassâmes Thomasson, qui était complètement effondré sur la table, avant d'aller à la station de taxis. Elle me sourit en le jetant à l'arrière de la voiture, pendant qu'il baragouinait des bêtises que lui seul pouvait comprendre, en me saluant de la main d'un geste las.

Je marchais un peu boulevard du Montparnasse avant de rentrer – en réfléchissant à la stratégie que Diane m'avait proposée – et à ce qu'elle avait dit. « Change de disque. » « C'est ta seule chance. » Tout cela résonnait en moi, au-delà sans doute du sens que Diane avait voulu y donner. J'avais déjà compris que cette audience allait représenter un tournant de ma vie, mais la présence de Diane allait y ajouter un élément supplémentaire. Tout se jouerait pour moi à ce moment-là, en même temps.

6

LA BELLE DEMOISELLE était fermée au public ce soir-là. Le Financier avait investi l'établissement pour fêter son anniversaire. Il était peu dire que je n'avais aucune envie d'y aller : la famille Choukroune, très peu pour moi. Mehdi m'avait néanmoins fait comprendre que mon absence serait « vexante ». Comprendre : je n'avais pas le choix.

Du haut de ses 61 ans, le Financier disposait d'une longévité étonnante pour son domaine professionnel. Cela se fêtait. Plusieurs tables avaient été disposées. La plus importante était évidemment celle de Choukroune, flanqué de sa femme Colette – un énorme dragon de la pire espèce – et de ses fils, Stan et Marco, tous deux de jeunes semi-truands à queues de cheval.

J'étais à la table de Mehdi, à essayer de suivre les histoires que les convives se racontaient. L'ensemble était inaudible à cause de la musique, une sorte de *medley* de Bar-Mitsvah insupportable. On en était à *On va s'aimer* et je redoutais avec effroi l'arrivée d'*Alexandrie Alexandra*. Mon regard croisa celui de Choukroune. Il me fit un petit geste, dont je compris que nous nous parlerions plus tard.

En attendant, mes pires craintes se sont avérées fondées : les titres de Claude François s'enchaînèrent jusqu'à l'absurde, le gâteau d'anniversaire mit des heures à arriver, je ne compris pas un mot de ce que les rares personnes qui m'avaient adressé la parole avaient cherché à me dire. Dans des moments de la sorte, on se prend à rêver de faire n'importe quoi, pourvu que ce soit ailleurs. On repense aux programmes TV de sa jeunesse en se disant que, tout de même, *Sacrée Soirée*, ça n'était pas si mal.

Vers 1 heure du matin, Choukroune m'indiqua qu'il était temps de le retrouver dans un petit bureau au fond de l'établissement.

– Comment va Zebrowski ? Il n'a rien dit sur moi ?

– Absolument rien, lui répondis-je sur un ton définitif ; je tenais à le rassurer sur ce point, car je craignais que le moindre doute soit fatal à mon client. Vous pouvez dormir sur vos quatre oreilles. Non seulement il n'a évoqué votre existence, même implicitement, à aucun moment de la procédure, mais en plus, il est certain qu'il ne le fera pas. Vous savez, c'est un gars correct Zebrowski. Je l'aime bien.

– Moi aussi, figurez-vous. C'est d'ailleurs pour ça qu'il est encore parmi nous. Il me doit un pognon fou, mais son acte à l'égard du journaliste me l'a rendu encore plus sympathique. Maintenant qu'il est passé de l'autre côté, il peut continuer de m'être utile. Je le maintiens donc en vie.

Il s'agissait d'une drôle de façon de concevoir les choses. Le Financier se voyait comme une sorte de machine thérapeutique. En tout cas, il avait eu suffisamment d'empathie pour épargner Zeb. Je me demandais si je ne pouvais pas tirer un peu sur cette corde-là afin de l'aider encore plus. J'avais abandonné presque complètement, à ce stade, l'idée d'expliquer lors du procès que Quintana avait tué Radier. Presque. Je tentai ma chance.

– Puisque nous en parlons : les raisons pour lesquelles Zeb a exécuté Quintana seront assez difficiles à comprendre pour un jury. Notre ami a tué ce type, parce qu'il était l'assassin de Radier. Mais mon problème, c'est que le meurtre de Radier a été attribué à un autre, un genre de vagabond dénommé Touboux. Vous n'auriez pas des infos qui me permettraient de disculper Touboux et de charger Quintana ? Ça m'aiderait !

– C'est hors de question, répondit le Financier sur un ton qui ne laissait pas de place à la contradiction. Touboux est très bien là où il est. J'ai besoin de lui en prison, pour d'autres affaires que vous n'avez pas à connaître. En aucun cas vous ne devez disculper Touboux de quoi que ce soit. Même si c'était la faute de ce Quintana-je-ne-sais-quoi. Vous allez devoir vous en sortir avec ce que vous avez, c'est-à-dire pas grand-chose. Personnellement, que Zebrowski soit condamné ou pas, je m'en fous. Il me restera utile dans les deux cas. Bon courage Maîîître.

J'avais bien compris l'insistance ironique de Choukroune sur ce dernier mot, destinée à me faire comprendre la réalité : je ne maîtrisais pas grand-chose. En écoutant le Financier, on avait l'impression que c'était lui qui gérait l'intégralité du territoire carcéral, en distribuant les gens comme des pions. Que cela soit vrai, ou que Choukroune ait voulu se donner de l'importance, peu importait : c'était lui qui décidait.

Je quittai enfin *La Belle Demoiselle*. Le procès aurait lieu désormais dans quelques jours. Il ne me restait plus qu'un seul espoir : que Zebrowski suive mon conseil, n'avoue pas le meurtre et que je réussisse à installer le doute.

7

– MONSIEUR HENRI ZEBROWSKI, reconnaissez-vous les faits d'homicide volontaire qui vous sont reprochés à l'encontre de Patrick Quintana ?

– Oui, c'était moi, il n'y a aucun doute et d'ailleurs, je ne m'en suis jamais caché.

Merci, Zeb. Il lui avait fallu très exactement cinq minutes d'audience pour briser la promesse qu'il m'avait faite. On commençait le procès par des aveux sans nuances et immédiats. Il me regardait depuis le box des accusés, en me faisant un sourire et un geste d'épaules, l'air de dire : « c'était plus fort que moi ». C'était une des seules cartes que j'avais en main : elle venait d'être atomisée dès le départ. Je commençais lesté.

Je regardais autour de moi pour faire une cartographie de la situation :

• Les jurés, personnes les plus importantes pour moi dans la salle, étaient très exactement répartis entre hommes et femmes ; je n'arrivais pas à me faire une idée de leurs goûts ou de leurs appartenances sociales ; j'étais trop loin pour bien voir ; ma vue baissait et je n'avais jamais pris la peine de faire refaire mes verres.

• Le président de l'audience devait avoir une quarantaine d'années, tout au plus ; dès le départ, il s'était attaché à montrer le visage le plus fermé et indéchiffrable possible, mais enfin, il n'avait pas l'air d'un méchant homme – pour un président d'audience, s'entend ; il rassembla tous ses efforts dans une volonté apparente de « bien faire », ce qu'il désignait en ces termes : « tout aura lieu ici rigoureusement selon le Code de procédure pénale » ; j'étais assez partagé sur cette volonté affichée ; apparemment, cela ne pouvait être que louable ; mais mon expérience me rappelait que j'avais rarement eu à me réjouir d'une application rigoureuse de la loi, surtout lorsqu'elle était autoproclamée.

• Le procureur était un vieux schnock ; certes, je n'étais pas moi-même de première jeunesse, ni un parangon de modernité, si bien que ma remarque pouvait être comprise comme une forme d'aigreur, prêtant aux autres une perception que j'avais trop peur de leur renvoyer moi-même ; mais non, ce n'était pas cela ; l'épithète « vieux », accolée au substantif « schnock », est dans mon esprit conçue pour désigner un mélange ayant une saveur particulière, qui avait moins à voir avec l'âge (même si le personnage avait au bas mot une cinquantaine d'années) qu'avec une attitude gonflée d'importance jusqu'au ridicule ; ses cheveux étaient blancs et extrêmement courts ; je plaignais son coiffeur ; un millimètre de plus et il lui aurait abîmé le crâne ; cet homme aimait la précision.

• La greffière était encore plus âgée ; elle notait tout ; on percevait bien que le sens de ce qui lui était dit n'avait plus aucune importance depuis bien longtemps ; on lui aurait dit les pires horreurs, elle les aurait notées sans aucune prévention ; « vive Hitler... Pardon : vous mettez bien un H à Hitler ? » ; mais elle avait de la dignité, personnifiant admirablement la justice.

• Des journalistes étaient aussi dans la salle ; eux ne prenaient pas de note et faisaient crépiter leurs téléphones portables ; peut-être, d'ailleurs, jouaient-ils ou écrivaient-ils leurs courriers, cela n'aurait fait aucune différence.

• Zeb se levait et s'asseyait quand on le lui demandait, avec une totale docilité ; on se serait cru à l'église ou à la synagogue, endroits où j'excellais moi-même dans cet exercice ; il paraissait totalement absent et désintéressé de l'issue du procès ; au début, je pensais que c'était un air qu'il se donnait, pour tenir le coup ; désormais, j'appréhendais l'idée qu'il n'en avait réellement plus rien à faire.

• Enfin, Diane avait tenu sa promesse et était dans le public ; elle était arrivée avec un léger retard, mais nous avions échangé un sourire ; sa présence me rassurait et m'angoissait à la fois.

On a coutume de dire que la vérité judiciaire et la réalité des faits étaient deux concepts différents. Cette discordance était largement admise et même, pour une certaine part, acceptée par le grand public. Soit. Mais enfin, il était une chose de chercher à tendre vers la réalité, en sachant qu'on ne pourrait en entrevoir que l'une des mille facettes. Il en était une autre de s'en moquer éperdument. Or, c'était très exactement ce qui était en train de se produire.

Les aveux de Zebrowski avaient vidé de leur intérêt toute une partie des interrogatoires prévus avec les experts balistiques. Personne ne paraissait s'interroger sur la question de savoir pourquoi Quintana avait été tué. Par petites touches, le procureur laissait entendre que Zeb aurait agi par jalousie : en deux mots, c'était un raté que le hasard avait fait rencontrer un jeune homme plein de succès, ce qu'il n'aurait pas supporté. Tout le monde paraissait acheter. Cette interprétation était plutôt habile, car la jalousie n'était pas un sentiment très prisé. De tous les défauts du monde, c'était sans doute le plus banal. Pourtant, c'était aussi celui qui pouvait paraître le plus ignoble aux yeux d'un jury lambda. Il suffisait de faire l'expérience : si vous disiez à quiconque, même à vos amis les plus proches, que vous étiez jaloux du succès d'un collègue, vous verriez le visage le plus affectueux se transformer en une grimace de dégoût.

Pendant que les officiers de police ayant arrêté Zebrowski témoignaient de la régularité de leur enquête, j'essayais de rédiger un début de plaidoirie. Par une ironie du destin dont j'étais seul à percevoir l'intensité, les passages les plus inspirants que je trouvais émanaient de Quintana lui-même, dont je tentais de retrouver le style. Je griffonnai une ébauche sur un bout de papier : « Vous accusez Zebrowski d'assassinat ? Vous êtes les assassins ! C'est une administration dépourvue de tous moyens, en manque d'effectifs, en manque de matériel informatique, gérée de surcroît en dépit du bon sens, qui est responsable de la situation. En réalité, s'agissant de Zebrowski, tout le monde savait ! Il était depuis longtemps une grenade dégoupillée, prête à exploser. Il eût été de la responsabilité de son entourage professionnel de le faire suspendre et soigner. Mais personne n'a rien fait. Les vraies responsabilités sont à chercher du côté du système. »

Je riais intérieurement à l'idée de reprendre à mon compte l'expression « tout le monde savait », phrase-valise misérable si fréquemment utilisée, dont j'avais été surpris de constater qu'elle fonctionnait. L'intérêt de cette affirmation était double : d'une part, le sujet (« tout le monde ») était flou et, d'autre part, il n'y avait pas de complément d'objet, ce qui permettait à l'orateur de prendre un ton accusateur sévère, mais sans avoir à dire ni qui savait, ni ce qu'il savait.

Je m'amusais également à l'idée de partir en lutte contre le « système », autre mot fourre-tout qui voulait dire tout et son contraire. Il n'y avait qu'une certitude à connaître sur le « système » : tout le monde était contre. Selon les interlocuteurs, cela n'avait jamais le même sens, mais enfin, chacun s'entendait sur le fait qu'il s'agissait d'une chose détestable. C'était presque devenu synonyme de nazisme. « Le système ? Pouah ! Quelle horreur ! » Aucun homme politique n'avait jamais fait campagne en disant à ses futurs électeurs : « Je suis la parfaite incarnation du système ! votez pour moi ! » Intimement, cette overdose de détestation du système m'aurait plutôt donné envie de le défendre ou d'en faire le panégyrique. Mais hélas, en l'état de la situation, je m'apprêtais moi aussi à le vilipender.

J'interrompis mes réflexions le temps de voir où l'on en était. L'accusation appelait divers témoins censés démontrer toutes les exactions commises par Zebrowski. Par rapport aux autres administrations, la Justice avait une spécificité : elle aimantait puissamment tous les sentiments humains les plus négatifs – et leurs meilleurs représentants. La veulerie, la délation, les instincts les plus grégaires n'y étaient pas seulement tolérés par l'institution, mais récompensés. Ainsi, on vit arriver Jean-Jacques Rentier, comptable de Metallotech éconduit par Zebrowski quelques mois auparavant, qui venait raconter « à quel point il avait été choqué par l'attitude de ce soi-disant officier de police ». Je laissais dire.

L'accusation terminait les interrogatoires de ses témoins. Ce serait bientôt le tour de ceux de la défense, ce qui allait me demander plus de présence dans les débats. Je n'aurais bientôt plus de temps pour réfléchir à ma stratégie pour la plaidoirie. J'étais face à une réelle interrogation sur le chemin à prendre. Contrairement à la plupart des avocats, les circonstances avaient fait que j'avais été désigné seulement à quelques semaines de l'audience. J'avais eu très peu de temps pour rechercher la meilleure ligne – et aucun pour recueillir des documents à présenter pour l'étayer. Je n'avais qu'un ministère, celui de la parole. Même s'il était de peu de poids dans les circonstances, cela ne changeait rien à ma responsabilité à l'égard de Zebrowski.

« Avez-vous des témoins à présenter ? » Je me levai avec vigueur, car au moins sur ce sujet-là, j'avais bien préparé mon effet.

8

C'ÉTAIT mon coup de théâtre ! Montserrat Gimenez avait désormais 70 ans. Mais elle était toujours en superbe santé, avoisinant désormais les cent dix kilos. Zebrowski m'avait parlé d'elle, en passant, lors d'un des entretiens que j'avais pu avoir avec lui avant le procès. Je l'avais contactée sans prévenir mon client ni lui en demander la permission. Après quelques minutes au téléphone avec elle, j'avais été convaincu que sa présence serait nécessaire, voire indispensable.

Certes, je n'avais compris qu'un mot sur dix de ce qu'elle m'avait raconté lors de notre entretien – notez qu'il s'agissait plutôt d'un progrès de sa part. Mais il était évident qu'elle était naturelle et s'exprimerait sans détour au procès. Elle rappellerait à chacun que Zeb, avant d'être un tueur toxicomane, avait été un enfant qui buvait du lait chaud en regardant des dessins animés à la télévision. Cela ne pouvait pas faire de mal. J'avais fait prendre le train à Montserrat depuis La Rochelle et l'avais logée dans un bel hôtel près du Palais de justice. Cela me faisait une note effroyable en *room service*, facilité dont Montserrat profitait plus que de raison. Mais j'étais certain de bien faire.

« Qu'est-ce qué jé dois faire ? Ou jé dois aller ? » Montserrat hurlait dans la salle comme si tout le monde était sourd. « Par ici, Madame, si vous le voulez bien », répondit le président. J'avais souvent remarqué que, confronté à des individus parlant mal le français, les gens de justice faisaient exprès d'employer un langage encore plus affecté que d'habitude, pour bien mettre en relief l'inculture de leur interlocuteur. Mais elle n'en avait strictement rien à faire, c'était évident. Le président ne représentait pour elle aucune autorité particulière. Le fait qu'elle ne soit pas impressionnée me la rendait encore plus sympathique. Elle n'avait pas besoin qu'un étranger en robe noire lui explique ce qui était convenable ou non. Elle le savait très bien toute seule. Elle se plaça devant le micro des témoins et démarra elle-même sa propre interrogation :

– Qu'est-ce qu'il a fait encore Henri ? Jé né pas arrêté dé loui dire, depuis qu'il est pétit, de ne pas faire des bêtises, mais il n'en fait qu'à sa tête !

– Madame, si vous l'acceptez, c'est la Cour qui pose des questions ici ; vous connaissez donc Monsieur Henri Zebrowski ?

– Jé né connais que loui ! Un gentil garçon, Henri. Jé devais loui cogner sur la tête souvent, parce qu'il ne voulait pas trabajar.

Le public rigolait. Le naturel de Montserrat, en complète discordance avec le sérieux papal du début de l'audience, détendait l'atmosphère. Le président était à l'évidence exaspéré de cet élément improbable, qui apportait un peu de vie dans une procédure aussi rigoureusement respectée. En d'autres termes : mon plan fonctionnait.

Je pris le temps de regarder Zebrowski, qui n'avait pas vu Montserrat depuis des années. Il lui souriait d'un air las – et regarda ses chaussures lorsqu'elle évoquait le fait qu'il avait manifestement fait « une grosse bêtise », comme elle disait. Celle qui avait été proche d'une mère pour Zeb racontait les détails de leur vie quotidienne pendant des années : la chambre mal rangée du petit, la vie de patachon de l'adolescent, puis le départ du jeune adulte pour Paris. Pour terminer, Montserrat avait une promesse à faire à la Cour :

– Jé vais vous dire : vous me le confiez à moi, Henri. Je lui ferai faire le ménage, parce que je suis fatiguée de le faire toute seule. Et s'il veut refaire oune bêtise, je lui taperai si fort sur la tête que ça lui en passera l'envie, vous pouvez mé croire !

– Madame, croyez que nous sommes certains de votre aptitude à administrer une punition, mais la Cour a le monopole en la matière.

Les gens riaient. Je ne savais pas si c'était avec Montserrat ou pour se moquer d'elle et de son accent – dans le droit fil de la remarque condescendante du président. C'était une autre constante dans tous les procès : dès qu'un juge s'essayait à une blague, tout le monde s'esclaffait. En cette matière, j'avais tout vu et entendu. Il suffisait qu'un magistrat fasse le trait d'humour le plus éculé possible, pour que les avocats se roulent par terre de rire en se tenant les côtes. C'était à qui irait le plus loin dans l'esclaffade.

C'était désormais le moment où le procureur allait prendre ses réquisitions. Il plaida pour demander la condamnation la plus lourde possible à l'encontre de Zebrowski. Et il n'y est pas allé de main morte. Sa voix résonnait comme une sorte de tonnerre par une nuit d'été torrentielle en Amérique du Sud.

« Un individu de la pire espèce. Zebrowski est LE policier sur lequel vous ne devez pas tomber le jour où vous avez un problème. Incompétent et inconséquent, paresseux et pleutre, déloyal et dépravé, vicieux et véreux, oui, il réussit l'exploit d'être tout cela à la fois. Vous lui demandez votre chemin dans la rue ? Il vous détroussera. Vous êtes attaqué et allez chercher son aide ? C'est lui qui vous frappera et vous mettra à terre.

Chacun de ses actes est en contradiction immédiate, frontale et totale, avec ses devoirs de policier. Il est le modèle de ce qu'il ne faut pas faire, en tout. Il a fait la consternation de ses collègues. Mais comment ces derniers auraient-ils pu agir ? Ils ont essayé, autant qu'il leur était possible, de guider Monsieur Zebrowski pour qu'il revienne sur le droit chemin. L'institution a joué son rôle, en sanctionnant l'intéressé par tant d'avertissements qu'il serait fastidieux ici de les compter. Tout ce qui pouvait être fait a été fait. Mais à la fin, lorsqu'il faut choisir, chacun est libre, c'est-à-dire responsable de ses propres actes. »

À ce stade des réquisitions, je me tournai vers Diane, qui me faisait un sourire. Elle avait déjà eu raison au moins sur un point : le procureur avait pris le soin de préserver l'administration. Zeb était toxicomane, revendeur de drogue (certes dans de faibles proportions, mais tout de même) et également alcoolique. Mais en plaçant l'accent sur ces sujets, le procureur aurait pris le risque de présenter Zebrowski comme un malade – c'est-à-dire comme quelqu'un dont la fonction publique n'aurait pas réussi à s'occuper. Il avait donc préféré le présenter comme une brute. C'était plus simple.

Le procureur poursuivait :

« Dans sa vie, Zebrowski avait déjà accumulé un lourd passif. Mais ce n'était rien comparé à la fureur qu'il a déchaînée lorsqu'il a croisé la route de Patrick Quintana, pour le plus grand malheur de ce dernier.

Quintana, c'était l'honneur d'une société comme la nôtre. L'excellence française ! Et cet oiseau de malheur l'a broyé alors qu'il était en pleine ascension ! Quintana, c'était l'amour de la vérité, l'éthique chevillée au corps, la modestie qu'éprouvent seuls ceux dont le travail acharné a abattu des montagnes !

Pensez aux nombreux travailleurs qui lui sont redevables, à lui seul qui a exposé, avec un courage exemplaire, les exactions d'une grande compagnie de la sidérurgie. Ils sont des milliers. J'ai avec moi une pétition de salariés ou anciens salariés de Metallotech, cette funeste entreprise, avec en annexe une déclaration commune à l'ensemble des organisations syndicales. Ils disent tous leur reconnaissance à Patrick Quintana.

Et ce n'est pas tout : au-delà de Metallotech, ce sont tous les travailleurs de nombreux autres secteurs qui se sont manifestés, car ils se sont reconnus dans les actes que la victime avait dénoncés.

Va, mon ami ! Nous ne t'oublierons pas. Nous te sommes reconnaissants de ce que tu nous as donné, le temps où tu as été parmi nous. »

Je me retournai à nouveau vers Diane. Elle avait vu juste sur la manière dont le procureur allait argumenter. Elle m'envoya au même moment un message sur mon téléphone portable : « Je t'avais dit qu'il en ferait trop. » Je lui répondis : « J'ai mangé des huîtres plus intelligentes que lui. » Pendant ce temps, le procureur terminait.

« Alors, quand Zebrowski rencontra Quintana, il compara le désastre de sa vie avec la réussite de celle du journaliste. Et cela, il ne le supporta pas. Le seul moyen qu'il trouva pour résoudre cette équation ne fut pas de prendre ses problèmes à bras-le-corps. Cela aurait demandé de l'effort ! Non, il a réagi à cela comme à tout autre chose : par la violence, immédiate, sèche, ici meurtrière. »

Le procureur demandait la peine maximale, à savoir la réclusion criminelle à perpétuité assortie d'une période de sûreté de trente ans. Un silence de mort régnait dans la salle pendant de très longues secondes. Il fut interrompu lorsque le président se tourna vers moi : « Maître, vous avez la parole. »

9

« BONJOUR à tous. Je défends Henri Zebrowski. Je vais commencer par évacuer la question la plus simple. Mon client a tué Patrick Quintana. C'est un fait. C'est mal. Vous allez le condamner. C'est normal.

La question qui nous anime aujourd'hui n'est donc pas le principe de la condamnation, qui est acquis. C'est son importance. Pendant combien de temps Henri Zebrowski doit-il être laissé derrière les barreaux ? C'est cela le vrai sujet – et sur ce point, le débat est ouvert.

Pour demander la perpétuité, le Ministère public a fait valoir deux arguments. D'abord, il nous a expliqué qu'Henri Zebrowski serait une personne misérable, ensuite que Patrick Quintana aurait été un héros des temps modernes. Cela ne coûte pas bien cher, alors Monsieur le Substitut y est allé à gros traits dans la caricature. Et il s'est trompé, piteusement, lamentablement.

Car le misérable, ici, ce n'est pas Henri Zebrowski. Oh, il n'est pas exempt de défauts, soyons honnête. Mais si l'on regarde son existence avant l'acte pour lequel il est jugé, qu'a-t-il fait de si terrible ? Il s'est surtout fait beaucoup de mal... à lui-même. Il est de ceux qui, peu après l'arrivée dans l'âge adulte, se sont perdus en chemin. Nous qui sommes ici avons, pour la plupart d'entre nous, un travail qui nous intéresse et qui nous maintient dans la société, une famille aussi pour les plus chanceux. Pas lui.

Est-ce que ce n'est pas un vrai plaisir, pour les gens honnêtes, de pouvoir en trouver un et de dire : regardez comme il est affreux ? Zebrowski aujourd'hui joue à la perfection ce rôle bien commode de repoussoir. Mais pourtant non, il n'est pas la brute épaisse qu'a décrite le Ministère public. D'abord, il était, avant les faits, alcoolique et toxicomane. Je dis bien "avant les faits", car ces problèmes-là sont résolus aujourd'hui. La prison s'est montrée plus efficace que la fonction publique : il est guéri. Mais à l'époque, il était avant toute autre chose un individu qui souffrait de multiples addictions. Pour le dire plus simplement, il était malade. Faire l'impasse sur ce trait fondamental, c'était la première erreur de Monsieur le Substitut.

Mais la seconde erreur, encore plus béante, a été de nous décrire la victime comme un ange sacrifié. Je suis navré de le dire, le portrait qui nous a été dessiné de Quintana est parfaitement à côté de la plaque. Le substitut du procureur l'a évoqué en disant "mon ami". Mais croyez bien qu'avec des amis pareils, on n'a plus besoin d'ennemis. Oui, je dis du mal d'un absent, mort de surcroît. Ce n'est pas très poli. Je ne l'aurais pas fait si le Ministère public ne s'était pas piqué de nous dresser un panégyrique de la victime. C'est lui qui a placé le débat sur ce terrain, ce qui me contraint à répondre.

Et je dois dire que le grand accomplissement de Quintana, son livre dénommé *Une matière molle, sur les conditions de travail dans la sidérurgie*, n'est pas le chef-d'œuvre que l'on décrit. C'est un tissu de mensonges. Au mieux, c'est truffé d'erreurs. Je vous donne un exemple.

On y lit que “l’histoire de Metallotech est jalonnée de graves accidents du travail”. Je suis allé enquêter auprès de l’entreprise. C’est vrai, elle a connu de graves accidents du travail. J’en ai recensé trois, respectivement en 2009, 1984 et le dernier... en 1967 ! Il n’y a pas eu un procès contre Metallotech sur un accident du travail grave depuis au moins dix ans !

Faire croire ainsi que les accidents sont monnaie courante dans cette entreprise revient purement et simplement à mentir comme un arracheur de dents ! En réalité, Quintana s’est vautré dans la diffamation pure et simple.

Une dénonciation de cette ampleur, cela a de graves conséquences, vous savez. Le cours de l’entreprise a chuté à la verticale. Les gens ont été licenciés, ou moins bien payés. Tous les anciens dirigeants ont perdu leurs places. L’ancien patron de Metallotech, Arnaud de Lancereau, est en maison de repos depuis des mois. De tout cela, tout le monde se moque. Qui va pleurer sur le sort d’une grande entreprise et d’un grand patron ? Au contraire, on se réjouit de leur chute et on est heureux d’acclamer Quintana. “Merci pour ce cadeau”, c’est la phrase qui revient le plus lorsque des personnalités publiques ont pris la peine de remercier notre lanceur d’alerte. Ah, tu parles d’un cadeau ! Des cadeaux comme cela, on s’en passe aisément.

Comment dénommer quelqu’un qui va, sous couvert d’intérêt public, dénoncer publiquement ses concitoyens dans une enquête aussi bâclée ? Un tartuffe de la pire espèce : voilà l’individu devant lequel le Ministère public a choisi de se prosterner.

La victime a, sciemment, effectué une enquête orientée, biaisée, erronée, pour s'en vanter publiquement, et bénéficier ainsi de l'aura que notre société a choisi de donner aujourd'hui à ceux que l'on nomme les "lanceurs d'alerte". Attention : il existe des cas, épouvantables, par exemple en matière de santé publique, où le dénonciateur effectue un acte de courage. Mais ce n'est pas la situation de Quintana, qui n'a ici aucune bravoure et ne fait que couvrir les autres de boue.

Un jour, il faudra s'interroger. Est-ce que les ressorts qui conduisent à favoriser la dénonciation, car c'est bien de cela qu'il s'agit, sont toujours admirables ? Faut-il les généraliser, les encourager ? Je ne crois pas. Ce type d'acte prend toujours assise sur une façade vertueuse, mais derrière, c'est autre chose.

N'oublions pas que l'acte de dénoncer, en lui-même, est parfois malveillant. Une société où tout le monde dénonce publiquement tout le monde : c'est cela, en réalité, le mal. Et quand je dis "le mal", je ne parle pas d'une maladie ou de quelque chose qui fait souffrir, je parle d'un point de vue... moral. On devrait réfléchir cinq minutes avant de glorifier de fausses idoles, qui nous baratinent avec de prétendus bons sentiments et des idéaux de justice autoproclamés. Tout cela ne date pas d'hier, vous savez. Le succès de Quintana, c'est le mythe du veau d'or, à peine revisité ! Personnellement, la Bible m'a toujours ennuyé, sauf ce passage-là, qui demeure si pertinent aujourd'hui.

Pour moi, la question morale n'est pas du tout exclue de notre rôle à tous aujourd'hui : au contraire, elle en est le cœur. Lorsque l'on me présente Quintana comme la vertu personnifiée, je suis atterré par la cécité de mes concitoyens. Contrairement à ce que l'on croit, la victime était un individu tout ce qu'il y a de plus malfaisant. C'est cela qu'a vu Zebrowski en lui, à juste titre. Et c'est cela qui explique son geste. Entendez-moi bien : cela ne le justifie pas. Bien sûr que mon client est coupable. Mais j'ose dire qu'il est plus habité de morale que ne l'était sa victime. Cela peut sembler paradoxal, mais c'est ainsi.

Alors, maintenant, il faut dessiner un chemin. Celui proposé par Monsieur le Substitut est assez simple : placez Zebrowski dans un trou et jetez la clé. Bravo. Nous voilà bien avancés. Comme vous l'imaginez, j'en ai un autre à vous proposer. Partons des faits. Zebrowski a 40 ans. Après avoir payé sa dette envers nous tous, il peut encore avoir une vie. Il ne touche plus ni à aucune drogue, ni à aucun alcool. Il a été radié et n'aura plus jamais la moindre occasion de porter une arme. En d'autres termes, il ne présentera aucun danger. Vous n'en entendrez plus jamais parler.

Et cerise sur le gâteau : si vous voulez qu'il souffre en pénitence, je peux vous le promettre. En effet, Madame Gimenez m'a déjà indiqué qu'elle attendrait la sortie de prison de Zebrowski et qu'elle était d'accord pour le recueillir chez elle. Il va être obligé d'accepter. Je le plains d'avance ! Le pauvre va être assigné à un déluge de tâches ménagères jusqu'à l'épuisement. Je ne veux pas manquer ça. Alors, rendez, s'il vous plaît, cette issue possible. C'est tout ce que je vous demande. »

10

LES JURÉS délibéraient. On ne savait pas pour combien de temps, mais je craignais que ce ne soit pas bien long. On devait me prévenir dès qu'ils reviendraient. Je quittai le Palais de justice et marchai quelques minutes. Je descendis un escalier et m'installai sur un banc du quai de la Seine avoisinant. Au moins, là, je pourrais fumer tranquille. Diane m'avait indiqué qu'elle me rejoindrait quelques minutes plus tard pour attendre avec moi.

Dix ans ou moins, c'est ce que j'espérais. Dans le contexte, ce serait même une victoire. J'imaginais Zebrowski en prison, lisant, travaillant. Tel que j'avais appris à le connaître, je le voyais assez bien apprécier ses années de prison. Ce serait pour lui un réel réconfort moral, se sachant fautif, de purger sa peine. Il est si rare, dans la vie courante, de trouver un moyen d'expier ses fautes. La plupart du temps, il fallait vivre avec, ou les confesser – mais cela ne purgeait pas vraiment le sentiment de culpabilité que l'on pouvait ressentir. Zebrowski aurait ainsi la possibilité, si rarement offerte, d'avoir une vision claire et objective du temps qu'il lui faudrait passer pour payer sa dette. D'une certaine façon, c'était enviable.

Les bateaux passaient devant moi, diffusant pendant quelques secondes une lumière aveuglante. Je reçus un message de Claire sur mon portable : « J'espère que votre plaidoirie s'est bien passée. J'aurais besoin de renseignements sur les avocats pour un autre dossier. Je pourrais vous contacter la semaine prochaine ? »

Je rêvassais les yeux fermés, voyant Zebrowski, à 50 ans, quitter la prison et prendre le train pour La Rochelle. Il retrouverait Montserrat, qui n'aurait pas l'air d'avoir vieilli. Quelques jours plus tard, il aurait un chiffon sur la tête et passerait l'aspirateur dans l'appartement, Montserrat le surveillant l'air sévère, un rouleau à pâtisserie dans la main. Je ne savais pas si *Les Feux de l'Amour* passeraient encore, mais ils trouveraient bien un autre *soap* devant lequel rigoler. Le soir, ils s'endormiraient tous les deux sur leurs fauteuils devant une émission de variété quelconque.

Diane arriva et s'assit à côté de moi.

– C'était pas mal, Dany. Au moins ils t'ont laissé finir. Tu as évité le goudron et les plumes. Tu t'en sors bien.

– Tu as l'air fatiguée.

– C'est difficile avec Richard en ce moment, dit-elle avec un sourire las. Je sais que je suis pénible et que je lui rends la vie dure, mais enfin, il n'y met pas trop du sien lui non plus. On s'engueule et ça me porte sur le système.

– Tu sais, à ce propos, il faut tout de même que je te dise quelque chose.

Nous y étions, enfin. J'allais lui révéler les infidélités de Thomasson. Elle me faisait une confiance totale ; je savais que jamais elle ne douterait de la véracité de mes propos, à juste titre. Leur couple serait anéanti en peu de temps : échec et mat. J'allais retrouver la place qui me revenait. J'avais tant attendu, c'était mon tour désormais. J'y avais droit. Je l'avais bien gagné. J'allais triompher, ce qui serait à la fois logique et juste. Je le méritais, et de loin. J'ouvris la bouche, mais ma phrase fut interrompue.

Une grande péniche passait devant nous à ce moment précis. Diane plaça ses bras devant ses yeux pour ne pas être éblouie. Je fermai les miens quelques secondes. Puis le bateau s'éloigna. Et je pus terminer ma phrase :

– Thomasson, c'est... quelqu'un de bien. Je le connais un peu désormais et je suis certain qu'il tient à toi. Il suffit de s'accrocher un peu. Dans deux semaines, ça ira mieux, tu verras.

– J'espère que tu as raison.

– Merci d'être venue.

– Tu m'enverras un message pour me donner le résultat quand ça tombera ?

Elle se leva et me donna une tape amicale sur l'épaule. Une minute plus tard, elle était partie. J'avais le sentiment, diffus et inexplicable que je ne la reverrais pas.

On m'annonçait au même moment que le jury avait terminé sa délibération. Je devais retourner dans la salle d'audience. Je pris une dernière minute pour terminer ma cigarette. J'allais devoir subir la déconfiture judiciaire annoncée. Et mes espoirs de retrouvailles étaient désormais anéantis. Mais au moins, je n'avais pas mouchardé. À 54 ans, j'avais enfin trouvé ma propre manière d'être héroïque.

11

J'AVAIS complètement oublié Nabil. Lorsque j'arrivai à mon cabinet le lendemain du verdict, il était planté là, devant la porte, à m'attendre. Je ne savais pas depuis combien de temps, mais cela devait faire au moins une heure. Il se tenait raide comme un piquet, prêt à effectuer un superbe garde-à-vous.

Nabil, étudiant en droit, était le fils de Mehdi. Dans un moment d'égarement, j'avais accepté, le soir de l'anniversaire du Financier, qu'il effectue un stage chez moi. On pouvait s'étonner que ce jeune homme se soit dirigé vers de telles études, au vu du curriculum vitae paternel. Comme quoi : tout arrive. Je l'invitai à rentrer dans mon bureau. Il restait debout, à attendre que je lui demande de faire quelque chose. Je décidai de l'occuper d'abord à me préparer un gigantesque café.

Je m'effondrai dans mon fauteuil. Dix-sept ans : voilà la peine qu'avait reçue Zebrowski. Lorsqu'elle avait été prononcée, il m'avait regardé avec un sourire. J'avais été catastrophé, mais lui m'avait pris la main pour me réconforter. « C'est pas grave, merci, Maître, vous avez été excellent. » C'était le monde à l'envers. Lorsque les policiers l'avaient emmené, j'avais juste eu le temps de lui dire : « Je vous ferai sortir avant. N'oubliez pas ! Ça n'est pas fini ! » Je n'avais pas pu voir son visage lorsqu'il partait.

J'avais connu de meilleures journées que celle de la veille. Je restais immobile, tenant mon menton à l'aide de ma main droite, le poids du monde sur mes épaules. En attendant mon café, je reçus un message de Fournier : le *Prométhée* était désormais fermé. L'endroit allait être rénové pour devenir une boutique de baskets. Mon ami avait emporté chez lui les bobines de *Cuisses et Cuistot* et m'assurait qu'il me les léguerait à sa mort. On se promettait de se voir bientôt.

Nabil revint avec un café mal foutu, au goût immonde. Je ne savais pas s'il était fait ou non pour le Droit. En tout cas, il n'avait aucun avenir dans la torréfaction. Il restait planté là, debout, avec sa chemise fermée jusqu'au dernier bouton et son pantalon mal repassé, à espérer que je lui donne quelque chose à faire. Je le regardais pendant de longues secondes sans savoir quoi lui dire. Tout était blafard. J'étais vide. Après avoir allumé une cigarette, des mots me sont venus, je ne sais comment ni pourquoi.

– J'ai un client qui a été condamné à dix-sept ans de prison hier soir, lui dis-je d'une voix monocorde.

– Il était innocent ? me demanda-t-il avec une pointe de curiosité.

– Non, il était coupable, de cela, il n'y a aucun doute.

Je sentais bien qu'il était déçu par cette réponse. Un innocent à libérer ? Cela aurait été exaltant. En revanche, le fait qu'un coupable ait été condamné le laissait de marbre. Un nouveau silence s'installait. Tout cela devenait embarrassant. Pour meubler, je lui fis un signe de venir s'asseoir en face de moi. Il obtempéra prudemment. Je continuai, avachi, sans savoir où j'allais :

– Il était coupable, c'est certain. Tout l'accable, d'ailleurs. Mais pendant le procès, je n'ai pas pu bien expliquer les raisons de son acte. Cela ne l'aurait pas excusé, la condamnation était, de toute façon, assurée dans son principe. Mais si j'avais pu le faire, les jurés auraient pu mieux comprendre. Mon client aurait été moins condamné. Enfin, peut-être. De toute façon, ce verdict est injuste. Et j'ai promis à mon client de le faire sortir avant la fin de sa peine.

Il fronçait les sourcils, cherchant à comprendre ce que je lui racontais. Il se risqua à prendre la parole :

– Vous voulez dire que nous devons faire libérer tout de suite un client, qui vient d'être condamné hier, pour un crime qu'il a commis, mais pour lequel vous pensez qu'il aurait peut-être dû être condamné à un peu moins, c'est ça ?

– Voilà ! Exactement !

Il me regardait l'air atterré et perdu. Rien de tout cela ne correspondait à ses attentes. En revanche, je me réveillai et me redressai sur mon fauteuil. Son étonnement me procurait un début d'excitation perverse. Il me répondit :

– Mais c'est impossible, je ne vois pas comment on va faire.

– Bienvenue dans l'avocature.

– Alors, il faut que vous m'expliquiez toute cette histoire. Vous me racontez ?

BONUS
LE *CASTING* IDÉAL

IL N'AURA PAS échappé au lecteur attentif que le narrateur du présent ouvrage éprouve un fort intérêt pour le cinéma, qui est sa clé d'interprétation des évènements et des personnages qui l'entourent.

Soyons honnête : il s'agit là d'un trait de caractère que l'auteur partage avec le protagoniste, Dany Schwartz. Aussi, ne résiste-t-il pas à la tentation d'imaginer ici quels acteurs auraient été les choix rêvés pour incarner ses principaux personnages.

Les règles du jeu sont simples : trouver le *casting* parfait. Écrire présente un avantage : on peut tout se permettre, y compris sélectionner des acteurs disparus, au stade de leur vie qu'on aura choisi. La seule contrainte repose sur la nécessité d'effectuer le bon choix.

Il ne s'agit là en rien d'imposer au lecteur un imaginaire qui entrerait en concurrence avec le sien. Chacun demeure libre de son propre *casting*.

Henri Zebrowski

ZEB est un « dur » à la vie dissolue, mais qui conserve enfouie une part d'enfance et d'idéalisme. Il dispose d'un instinct infaillible lui permettant de détecter autour de lui les pires individus.

Pour un tel rôle, on pouvait hésiter entre de nombreux choix. Mais à tout prendre, le casting le plus intéressant aurait été Jason Miller, tel qu'il apparaît dans *The Exorcist* de William Friedkin.

En dehors de ce rôle, il était peu connu du grand public. Mais il y démontrait une grande étendue : une forte intensité ténébreuse, une fragilité à fleur de peau, un sourire désarmant – autant d'attributs qui auraient été parfaits pour ce personnage.

Si ce livre était un film, les apparitions de Zebrowski seraient nécessairement rythmées par *The Life of a Policeman* de Guido & Maurizio De Angelis.

Jason Miller – Broadway headshot c. 1972.jpg
Source : Wikicommons

Patrick Quintana

DERRIÈRE une apparence de premier de la classe, voilà un personnage qui dissimule les pires travers : arriviste, égoïste, malhonnête, il tue de surcroît par plaisir. Pire encore : il est radin. Il s'agit d'un cocktail particulièrement dangereux : un visage lisse dissimulant à la fois un sens stratégique aiguisé et un comportement sociopathe.

Ici également, de nombreuses possibilités étaient concevables. Le Melvil Poupaud des années 90 a longtemps paru être le choix indiqué. On aurait pu aussi imaginer un contre-emploi intéressant, en pensant au jeune Jerry Lewis. Mais peu à peu Tony Curtis s'est imposé. Il avait à la fois les caractéristiques du jeune premier, capable de séduire en peu de temps, mais aussi un aspect vénéneux et létal (d'ailleurs exploité par plusieurs réalisateurs dans sa carrière). Une fois arrêté sur cette idée, je n'ai pu voir Quintana autrement que sous ses traits.

Ce personnage-là est insusceptible d'accompagnement musical.

Tony Curtis, 1958
Auteur de la photo : United Pictures Corporation
Source : Wikicommons

Daniel Schwartz

SCHWARTZ est à la fois le personnage principal et le narrateur. Cela impose un acteur d'une certaine densité.

En toute simplicité, l'auteur choisit donc une légende du cinéma américain : Edward G. Robinson. On pourrait s'étonner qu'un tel individu ait pu être, à un certain moment, un des acteurs américains le plus célébré, au point de devenir une icône. On est loin des standards actuels !

Pourtant, son visage si particulier conserve, aujourd'hui encore, toute son aura. De *Double Indemnity* à *Soylent Green*, il était capable de toutes les nuances. Tour à tour drôle, pathétique, effrayant ou émouvant, parfois tout cela à la fois : il aurait été parfait pour interpréter Dany Schwartz.

Si ce livre était un film, le personnage ne pourrait y faire son entrée qu'au son de *Kathy's Waltz* de Dave Brubeck.

Edward G. Robinson
in *All My Sons*, 1948
Source : Wikicommons

Paru récemment dans la même collection

Venise. Été 2022. Sixtine, jeune influenceuse aux centaines de milliers d'abonnés, est retrouvée morte au bord de la piscine du luxueux hôtel où elle loge. Elle a été jetée dans le vide. Dans son entourage immédiat, un coach sportif, un journaliste alcoolique, son ex-petit copain, lui-même influenceur: autant de coupables plausibles.

Dans ce roman des faux-semblants et des personnalités prédatrices, Quentin Mouron dessine au scalpel des figures inquiétantes, parfois burlesques, qui sont autant d'avatars de notre modernité. Connu pour son talent de satiriste, l'auteur met son style audacieux au service d'une critique sociale laissant poindre, sous le drame, un humour caustique.